KB022227

신입사원
상식
사전

신입사원 상식사전
Common Sense Dictionary for Rookies

초판   **1쇄 발행**   2007년 5월 25일
초판   **8쇄 발행**   2011년 5월 20일
1차 개정 1쇄 발행   2012년 6월 10일
1차 개정 6쇄 발행   2015년 2월 20일
2차 개정 1쇄 발행   2016년 3월 18일
2차 개정 7쇄 발행   2020년 12월 15일
3차 개정 1쇄 발행   2022년 10월 10일

지은이 우용표
발행인 이종원
발행처 (주)도서출판 길벗
출판사 등록일 1990년 12월 24일
주소 서울시 마포구 월드컵로 10길 56(서교동)
대표전화 02)332-0931 | **팩스** 02)322-0586
홈페이지 www.gilbut.co.kr | **이메일** gilbut@gilbut.co.kr

기획 및 책임편집 박윤경(yoon@gilbut.co.kr) | **디자인** 신세진 | **마케팅** 정경원, 김진영, 김도현, 장세진, 이승기
제작 이준호, 손일순, 이진혁 | **영업관리** 김명자 | **독자지원** 윤정아, 최희창

교정교열 김동화 | **전산편집** 디자인다인 | **삽화** 김경찬 | **CTP 출력 및 인쇄** 금강인쇄 | **제본** 금강제본

▶ 잘못 만든 책은 구입한 서점에서 바꿔드립니다.
▶ 이 책은 저작권법에 따라 보호받는 저작물이므로 무단전재와 무단복제를 금합니다.
　 이 책의 전부 또는 일부를 이용하려면 반드시 사전에 저작권자와 출판사 이름의 서면 동의를 받아야 합니다.

@우용표, 2022

ISBN 979-11-407-0137-7 13320
(길벗도서번호 070456)

정가 17,500원

독자의 1초까지 아껴주는 길벗출판사
(주)도서출판 길벗 IT교육서, IT단행본, 경제경영서, 어학&실용서, 인문교양서, 자녀교육서 www.gilbut.co.kr
길벗스쿨 국어학습, 수학학습, 어린이교양, 주니어 어학학습, 학습단행본 www.gilbutschool.co.kr

신입사원 상식 사전

최신 개정판

우용표 지음

길벗

오래된 책을 다시 쓰며

안녕하십니까. 《신입사원 상식사전》의 저자 우용표입니다. 전면 개정판을 통해 독자 여러분을 뵐 수 있게 되어 매우 기쁩니다. 이 책은 2007년에 처음 출간되었습니다. 그 당시 저는 30대 초반의 나름 파릇(?)했던 청년이었는데, 지금 거울을 보니 청년의 모습은 사라지고 40대 후반의 아저씨가 서 있네요.

2007년까지만 해도 군대 문화에 젖어 있는 회사가 많았습니다. 강압적인 분위기와 구성원들의 희생으로 회사가 굴러가던 시기였죠. 회사는 구성원들에게 충성을 요구하기도 했습니다. 하급자가 상급자의 의견에 반대 목소리를 내기라도 하면 버릇없다는 소리를 들어야 했고, 상급자의 잘못은 곧하급자의 잘못으로 여겨지는 것이 당연하게 받아들여졌습니다. 《신입사원 상식사전》의 초판에는 이러한 조직 문화가 반영되어 있습니다.

15년의 시간이 흐르는 동안 기업 문화는 법과 제도의 보완으로 많은 변화가 이루어졌습니다. 구성원을 '부하'가 아닌 계약관계의 '파트너'로 보는 분위기가 조성되고 있고, 야근으로 성실함과 충성심을 보이는 모습이 많이 줄어들었습니다.

개정판을 준비하며 시간을 들여 천천히 이 책을 다시 읽어보았습니다. '그때는 맞고, 지금은 틀리다'라는 말이 떠오르더군요. 그 당시에는 옳다고 판단했던 것들이 현재 관점에서 보면 틀렸구나 싶은 것이 많았습니다. 그래서 변화된 기업 문화와 조직 문화에 적합하게 내용을 수정하려고 노력했습니다. 이 과정에서 고민이 많았습니다. 어떤 기업은 아직도 옛날 문화에 젖어 있고, 또 어떤 기업은 평균 이상으로 선진국스러운 문화를 가지고 있어 어떤 기준에 맞추어야 할지 판단하기 어려웠습니다. 결론은 평균보다 조금 선진국스러운 기업을 기준으로 하자는 것이었습니다.

이 책의 내용 중 어떤 것은 '우리 회사와 맞네' 싶을 것이고, 또 어떤 것은 '이건 아닌데' 싶을지도 모릅니다. 책 한 권에 대한민국의 모든 기업 문화를 담는 것은 현실적으로 불가능하다는 점을 넓은 마음으로 이해해주시기 바랍니다.

첫사랑은 잊기 힘들다고 하죠. 제게 《신입사원 상식사전》은 첫사랑입니다. 지금은 15권에 달하는 경제경영서를 집필한 중견 작가이지만, 이 책을 출간했을 때는 모든 것이 처음이었습니다. 저에게도 그러하듯 이 책이 독자분들께도 첫사랑이 되었으면 좋겠습니다. 학교를 졸업하고 사회생활을 시작하는 시점에 도움이 될 만한 책을 찾을 때 이 책을 선택하길 진심으로 바랍니다.

책이 출간된 지 15년이 지났음에도 여전히 많은 독자들의 사랑을 받고 있음에 감사드립니다. 15년쯤 후에 다시 개정판 작업을 할 수 있으면 좋겠다는 것이 지금 저의 바람입니다. 2040년 정도엔 이 책의 내용이 또 많이 바뀌어야 할지도 모릅니다. 미래의 신입사원들은 "옛날엔 출근해서 회식도 하고 얼굴을 마주보고 회의도 했었다며?"라고 말하며 놀라워할지도 모릅니다.

책에 대한 피드백은 언제나 환영입니다. 제 동영상 채널이나 블로그에 방문해 의견 주시면 참고하도록 하겠습니다. 응원과 격려의 글은 물론 악성 댓글을 남기신다 해도 감사하게 생각하겠습니다.

2022년 가을
저자 우용표

: 첫째 마당 :

1 직장생활 언박싱

: 둘째 마당 :

2 자네, 근로계약서는 작성했니?

모든 사람을 내 편으로 만드는 인간관계 스킬

실전 회사생활 Tip 모음

**Common Sense Dictionary
for Rookies**

1

첫째 마당

직장생활 언박싱

001 당신의 직장생활은 초콜릿 상자이길

축하한다. 당신이 이 책을 펼쳤다는 것은 직장을 얻어 본격적인 사회생활을 시작했다는 것을 의미하기 때문이다. 성공적인 출발을 진심으로 축하한다. 앞으로 능력을 인정받는다면 지금 입사한 회사에서 임원이 될 수도 있고, 몸값을 올려 다른 회사로 이직할 수도 있다.

이 책은 직장생활 언박싱 콘텐츠

유튜브를 보면 언박싱 콘텐츠가 많다. 새로 구입했거나 선물 받은 물건을 설레는 표정으로 뜯어보며 "자, 겉모양은 이렇게 생겼습니다", "구성품은 이런 것이 있네요" 하며 친절하게 설명해준다. 콘텐츠를 보는 시청자들은 일종의 대리만족을 느끼며 즐거운 경험을 공유한다.

이 책 역시 일종의 언박싱 콘텐츠라 할 수 있다. 독자들을 대신해 미리 경험해본 직장생활 내용들을 담았기 때문이다. 입사 확정 소식을 들은 뒤에는 너무나 기뻐 펄쩍펄쩍 뛰며 설레는 마음으로 출근할 날만을 기다렸고, 입사 후 어려운 프로젝트를 진행해 좋은 성과를 냈을 때는 세상을 다 가진 듯한 기분이 들었다.

자, 여기까지는 예쁜(?) 말이었다. 이제 솔직하게 말하도록 하겠다. 동화책을 보면 '왕자님과 공주님은 오랫동안 행복하게 살았습니다'라고 이야기를 마무리하는 경우가 많다. 우리의 삶 역시 '취업에 성공해 오래오래 행복하게 살았습니다'라고 마무리되면 얼마나 좋을까?

지금 입사한 곳에서 뼈를 묻을 때까지 일할 수 있을까? 어렵게 얻은 직장인데 상사나 동료를 잘못 만나 회사생활이 괴로울 수도 있다. 몸과 마음이 지친 상태로 악몽 같은 하루하루를 보내게 될 수도 있다.

사실은 판도라의 상자

회사에 입사하는 것은 판도라의 상자를 여는 것과 같다. 상자를 여는 순간 세상을 더럽히는 온갖 것들이 튀어나온다. 직장생활을 시작하는 동시에 어른들의 온갖 더러운 꼴(?)을 봐야 한다. 끝없이 쌓이는 업무에 지칠 수도 있고, 사람과의 관계 때문에 상처를 받을 수도 있다. 내가 힘들게 작업한 결과물을 엉뚱한 놈이 가로채기도 한다. 내가 하지 않은 잘못을 내 잘못이라며 뒤집어씌우는 빌런도 종종 등장한다.

판도라의 상자에서 마지막으로 나오는 것은 '희망'이다. 당신의 직장생활도 마찬가지다. 그러니 아무리 힘들고 어려워도 희망을 갖길 바란다.

기대는 최소한으로

직장생활을 시작하면 무엇을 상상하든 그 이상의 희로애락, 액션, 로맨스, 스릴이 가득한 세상이 펼쳐질 것이다. 싫은 소리를 들어도 묵묵히 참아내는 인내심이 필요하기도 하고, 정말 꼴 보기 싫은 사람과 마주했을 때 겉으로는 그렇지 않은 척하는 연기력이 필요하기도 하다. 일단 출근하면 좋아하는 사람이든 싫어하는 사람이든 퇴근할 때까지 봐야 한다. 사실 이게 참 엄청난 고역이다. 직장생활에 대한 기대치를 낮추자. 그럼 정신과 육체 건강에 큰 도움이 될 것이다.

약간의 위로를 하자면, 지금 근무하게 된 첫 직장은 일종의 연습 게임, 즉 튜토리얼(tutorial) 단계라 할 수 있다. 첫 직장에서 실수를 해가며 능력을 갈고닦은 뒤 다음 직장에서 본격적으로 실력을 발휘하면 된다. 직장생활, 사회생활의 기본기를 훈련한다는 기분으로 연습 게임에 임하길 바란다.

필자의 직장 상사는 딱 한 분을 제외하고 그다지 친절하지 않았다. 실수를 했을 때 부드러운 음성으로 친절하게 하나하나 설명해주는 사람은 없었다. 짜증과 신경질이 잔뜩 묻어난 목소리를 들으며 눈물로 일을 배웠다. 이 책을 읽고 있는 당신은 인생 선배가 경험한 그 고통을 겪지 않고 부디 행복하게 직장생활을 했으면 좋겠다. 당신의 직장생활은 판도라의 상자처럼 온갖 나쁜 것이 나오는 것이 아닌, 초콜릿 상자처럼 달콤한 것들이 가득했으면 좋겠다.

자, 이제 하나씩 시작해보도록 하자. 렛츠 기릿!

002

진로(고민) is back

여러 통계를 보면 어렵게 얻은 직장임에도 입사 1년 이내 퇴사율이 높아지고 있다고 한다. 한국경영자총협회의 분석 결과에 따르면 '1년 이내 신입사원 퇴사율'은 2010년 15.7%에서 2016년 27.7%로 늘었고, 구인구직 플랫폼 사람인의 조사에 따르면 2019년 '1년 이내 신입사원 퇴사율'은 48.6%를 기록했다. 옛날 시스템에 젖어 있는 기성세대는 이런 결과를 접하면 "요즘 것들은 배가 불러서 그래! 고생을 해보지 않아서 조금만 힘들어도 쉽게 관두는 거야"라고 말하며 한심하다는 듯한 표정을 짓는다. 과연 그럴까? 그들 역시 치열하게 진로를 고민해보았을 텐데 참 섭섭할 따름이다.

종신고용의 종말

회사가 직원의 삶을 책임져주던 시대가 있었다. 직원이 회사에 젊음과 충성을 바치면 회사는 그에 대한 대가로 정년퇴직을 할 때까지 고용을 유지해주었다. 이를 종신고용이라 하는데, 역사 시간에 배웠던 봉건제도와 비슷하다. 신하들이 주군에게 충성하면 주군은 신하들을 챙겨주는 것과 비슷한 시스템이다. 종신고용 시대에는 누군가가 다니던 직장을 떠나 다른 곳으로 이직하면 고운 시선으로 바라보지 않았다. 자신을 믿어주고 돌봐준 회사를 배신했다는 인식이 강했기 때문이다.

종신고용은 1997년 IMF(외환위기)를 겪으며 붕괴되었다. 회사는 생존을 위해 직원들을 해고했고, 회사를 믿었던 직원들은 한순간에 직장을 잃었다. 더 이상 회사는 직원들의 삶을 책임져주지 않는다. 직원들 역시 회사에 충성하고 희생하지 않는다. 이제 회사와 직원은 거래를 하는 관계일 뿐이다. 회사가 가진 돈과 직원이 가진 능력을 적당히 타협해 교환한다.

요즘 사회초년생들은 '내 시간과 노력에 대한 정당한 대가를 받지 못한다'라는 생각이 들면 미련 없이 회사를 그만둔다. 그들에게 "나중에 회사 사정이 좋아지면 잘해줄게"라는 말은 아무런 의미가 없다. 당장 내일 퇴사할 수도 있는데 나중에라니! '선수끼리 이러지 맙시다'라는 생각이 들 수밖에 없다.

좋은 직장의 기준

'지금 내가 다니고 있는 회사는 나에게 잘 맞는 곳일까?'

이 질문에 대한 답은 스스로가 제일 잘 알고 있다. 지금부터 이야기할 내용은 독자들 스스로가 이미 답을 잘 알고 있지만 생각 정리가 필요할 때 자기 자신에게 던져볼 만한 질문들이다.

눈 떠지는 직장 vs. 눈 떠야 하는 직장

어린 시절을 떠올려보자. 학교에서 소풍 가는 날에 지각을 한 적이 있는가? 늦잠을 자 밥 먹듯 지각을 해대던 사람도 소풍날만큼은 가슴이 두근거려 평소보다 일찍 눈이 떠진다. 자, 오늘은 일요일 밤이다. 내일 아침에 일어나 출근해야 하는데 눈이 번쩍 떠질까, 아니면 억지로 눈을 떠야 할까?

돈을 많이 버는가 vs. 돈이 안 되는가

첫 번째 질문에 '억지로 눈을 떠야 한다'라고 대답했는가? 그래도 실망할 것 없다. 억지로 일어나야 한다 해도 월급을 많이 주기만 한다면 당신에게는 좋은 직장이니까. 치과의사를 생각해보자. 어릴 적부터 '난 이 세상 모든 사람의 입속을 들여다볼 거야'라고 생각하며 치과의사를 꿈꾼 사람은 많지 않을 것이다. 양치질을 제대로 하지 않아서 혹은 충치가 가득해서 악취를 풍기는 환자를 치료하는 일은 결코 쉽지 않다. 그럼에도 치과의사들이 "더는 못하겠어!"라고 하지 않는 이유는 바로 돈, 점잖게 표현하면 '금전적 보상' 때문이다. 직장도 금전적 보상에 따라 기준을 세워볼 수 있다. 돈이 된다면 아침에 눈 뜨고 싶지 않아도, 설레지 않아도 좋은 직장이다.

명예 vs. 불명예

돈을 아무리 많이 벌어도 명예스럽지 못한 직업이 있다. 마약 거래, 불법 도박장 운영, 보이스피싱 등 불법적인 일을 하면 돈을 많이 벌 수는 있지만 명예스럽지는 않다. 또한 언제 형사들이 들이닥쳐 자신을 연행해갈지 모른다는 불안감을 늘 안고 살아야 한다. 벌이가 좋아도 명예스럽지 않고 스스로에게 자괴감이 든다면 좋은 직장이 아니다.

정반대의 경우도 있다. 돈은 벌지 못하지만 명예가 있는 직업! 대표적으로 성직자가 있다. 천주교 신부님들을 보면 최저임금에도 미치지 못하는 게 아닐까 싶을 정도로 적은 돈을 받는데, 그마저도 헌금을 하신다. 신부님들에게는 이 세상의 돈이 하나도 중요하지 않기 때문이리라. 직장 역시 비슷하다. 벌이가 많지 않더라도 스스로에게 당당하다면, 만족스럽다면 좋은 직장에 다니고 있는 것이다.

정리해보자. 지금 다니고 있는 직장이 월급을 많이 주고 출근 시간이 기다려진다면, 거기에 명예까지 얻을 수 있다면 더 바랄 게 없다. 하지만 아침마다 도살장에 끌려가는 듯한 기분이 든다면, 박봉에 시달려야 한다면, 아무런 명예도 얻을 수 없는 곳이라면 어떨까? 3개 기준 중 2개를 충족한다면 나머지 하나는 당분간 타협하며 다니도록 하자. 부지런히 능력을 키우면 3개 기준 모두 충족할 수 있는 곳으로 이직할 수 있을 것이다.

길은 생각지도 못한 곳에 있기도 하다

필자는 작가라는 타이틀을 얻을 것이라고는 상상도 하지 못했다. 약 20년 전 필자는 그저 흔하디 흔한 대리였다. 전임자가 일을 엉망으로 해놓고 다른 부서로 가버려 그 일을 수습하느라 헤매다보니 '나처럼 매일 혼나는 사람을 위한 매뉴얼을 만들면 어떨까?'라는 생각이 들었다. 그리고 실제로 매뉴얼을 만들다가 '혹시 출간도 가능할까?'라는 생각에 출판사에 독자 투고를 해보았다. 그렇게 해서 2007년에 이 책이 처음 세상에 모습을 드러낸 것이다.

길은 생각지도 못한 곳에 있기도 하다. 영화나 드라마를 보면 주인공이 온갖 어려움을 겪다 최후에 성공을 거머쥐었을 때가 더 감동적이지 않은가.

현재 만족스러운 직장에 다니지 않는다 해도 조만간 좋은 기회를 얻을 수 있을 것이라 믿는다. 지금 이 순간에도 상사, 동료들로부터 받은 스트레스를 나중에 웃으며 회고할 수 있기를 바란다. 혹시 같이 식사하자고 말해주는 사람이 없다 해도 너무 슬퍼할 것 없다. 친구를 사귀기 위해 회사를 다니는 건 아니니까.

003

월급은 마약이다

"월급은 마약이야!"

졸업하고 곧바로 취직한 한 선배가 푸념처럼 자주 하던 말이다. 선배는 멋지게 회사를 뛰쳐나와 하고 싶은 일을 하며 살고 싶은데 끊을 수 없는 월급 때문에 어쩔 수 없이 계속 일하는 것이라고 했다. 필자 역시 회사에 다니며 꼬박꼬박 월급을 투약(?) 받다보니 선배의 말에 격하게 동의했다. 월급과 마약에는 몇 가지 공통점이 있다.

없으면 고통스럽다

월급이 없으면 각종 고지서와 카드값으로 인해 엄청난 고통을 받게 된다. 마약을 끊으면 금단 현상으로 극심한 고통을 느끼며 몸부림치게 되는데, 그와 비슷하다. 아예 몰랐다면 상관없지만 일단 맛(?)을 보면 쉽게 끊을 수 없다.

양을 점점 늘려야 한다

작년과 올해 월급이 같다면 물가 상승으로 인해 상대적으로 소득이 감소하는 효과를 경험하게 된다. 월급은 적어도 물가상승률보다는 많이 올라야 한다. 그렇지 않으면 상대적인 박탈감과 손해를 보았다는 생각에 빠질 수밖에 없다. 월급은 매년 늘어나는 맛이 있어야 한다. 월급이든 마약이든 양이 늘어나지 않는다면 내성이 생겨버린다.

매우 비싼 대가를 치른다

월급에는 노동의 대가와 더불어 청춘의 소중한 시간들이 녹아들어 있다. 한 재벌 회장님은 청춘으로 돌아갈 수만 있다면 자신의 전 재산을 내놓겠다고 말씀하셨는데, 지금의 청춘들에게 그 재산을 내놓으실 생각은 별로 없으신 듯하다. 어쨌든! 월급을 받으려면 자신의 소중한 시간을 투입해야 한다. 마약 역시 비싼 대가를 치른다. 가족, 친구, 재산을 모두 잃을 수 있다. 월급과 마약은 자신이 가지고 있는 소중한 것들을 포기하게 한다는 공통점을 가지고 있다.

"더러워서 더는 못 다니겠네! 내가 여기 아니면 일할 곳이 없을 것 같아?"라고 목소리를 높이는 사람들이 종종 있다. 그런데 말뿐이다. 월급날이 되면 흐뭇한 미소를 지으며 통장을 확인하고, 연말에 성과급을 얼마나 받을 수 있을지 즐거운 추측을 한다.

월급에 중독되는 것은 매우 위험하다. 자신이 하고 싶은 일을 시작할 시기를 늦추기도 하고, 자기 계발을 위해 잠시 회사를 떠나 공부를 더 하거나 시험, 자격증 등을 준비할 용기를 내지 못하게 한다. 지금의 직장은 오래 다니지 못할 수도 있고, 갑자기 월급이 끊길 수도 있다는 사실을 스스로에게 끊임없이 일깨워주어야 한다. 또한 언제라도 직장을 옮길 수 있어야 하고, 꿈을 위해 월급을 과감하게 포기할 수 있어야 한다는 점도 미리 염두에 두어야 한다. 물론 쉽지는 않을 것이다.

가족 같은 회사는 없다

직장을 알아볼 때 '가족 같은 분위기'는 양날의 검이다. 구직자 입장에서 가족은 서로 챙겨주고 위해주는 사랑으로 묶인 공동체이지만, 회사 입장에서 가족은 서로 간섭하고 희생을 강요할 수 있기 때문이다. 그렇다. 서로의 언어가 다르다.

가족 같은 회사 vs. 가축 같은 회사

자영업 사장님들은 "결국 장사는 인건비 따먹기다"라는 말을 입에 달고 산다. 인건비가 줄어드는 만큼 사장님의 이익이 늘어난다. 가족 같은 회사는 '직원들을 최대한 쥐어짜고 부려먹어도 가족이니까 그 정도는 참아야 한다'라는 뜻이 담겨 있다. '우리 회사는 가족 같은 분위기입니다'라는 마법의 메시지가 구인 공고, 면접 등에서 들려온다면 그 회사는 미련 없이 포기해야 한다. 당신을 가족이 아닌 가축처럼 부려먹겠다는 뜻이 숨어 있기 때문이다. 차라리 "우리 회사는 일은 힘들지만 보상은 확실하게 해줍니다"라고 솔직하게 말해준다면 얼마나 좋을까?

'내 가족이 먹는다는 마음으로 음식을 만듭니다', '휴대폰은 팔아도 양심은 팔지 않습니다'라는 문구가 가슴에 와닿지 않는 것은 진짜 그렇게 한다면 굳이 말할 필요가 없기 때문이다. 마찬가지로 이 세상에 가족 같은 회사는 없다. 회사 자체가 가족 같은 친근함을 요구하는 곳이 아니기 때문이다. '가족 같은 분위기의 회사'라는 말은 '따뜻한 아이스커피'와 같다. 묘사하는 단어는 있는데 실체는 없다.

가족 같은 회사는 없어도 가족 회사는 있다

아빠가 사장, 엄마가 부사장, 큰아들이 부장, 막내딸이 마케팅 실장인 회사를 상상해보자. 생각만 해도 어질어질하다. 이런 가족 회사는 직원을 부품처럼, 노예처럼 다룬다. '중소 규모의 회사나 그렇지, 대기업은 그렇지 않을 거야'라고 생각하는가? 대한민국 굴지의 대기업인(땅콩으로 유명한) 모 항공사를 보자. 장녀가 부사장, 큰아들이 대표이사, 막내딸이 전무, 부인이 고문이다. 대기업들도 크게 다르지 않다. 오너 일가에서 회장님, 사장님, 전무님 등을 다 맡고 있지 않은가!

오너 경영 체제와 전문 경영인 체제, 둘 중 어떤 방식이 더 바람직하고 정의로운지에 대한 논의는 잠시 접어두자. 핵심은 이렇다. 내가 창업해서 사장님이 되거나 전문 자격증을 취득해 개업하지 않는 한, 나는 그저 회사의 부품이라는 것! 비싼 부품이냐 싼 부품이냐의 차이만 있을 뿐이다.

대기업인데 가족이 경영한다? 그럼 OK! 오너 일가의 머릿수보다 주요 직책의 수가 많으니 근무 잘하고 능력을 인정받으면 계열사 사장님까지 노려볼 수 있다. 중소기업인데 가족 경영이다? 정말이지 답이 없다. 가족의 수와 주요 직책의 수가 비슷하기 때문에 올라갈 수 있는 자리가 거의 없다. 가족이라는 말을 들으며 가축처럼 일만 하다 버려질 가능성이 매우 크다. 인건비를 줄이고 싶은데 연차가 쌓이고 승진을 하면 월급을 올려줘야 하니까.

슬프지만 이것이 현실이다. 입사하기는 어렵지만 해고되기는 쉽다. 사장님들은 주인의식을 가지라고 말하지만 주인으로 대접해주지는 않는다. 청춘은 돈을 주고도 살 수 없다고 하는데, 내 청춘에 값을 충분히 매겨줄 생각은 하지 않는다. 부디 가족 같은 분위기를 풍기는 회사가 아닌 분위기가 살벌하더라도 출근이 기다려지고 월급을 잘 주고 명예를 얻을 수 있는 회사에 자리를 잡길 바란다.

당신의 능력은
수치화된다

회사에는 '인사평가'라는 것이 있다. 업무 태도는 어떤지, 성과는 어느 정도 달성했는지 매년 정산하는 것이다. 좋은 평가를 받으면 승진과 급여 상승이라는 결과물을 얻을 수 있다. 회사가 당신을 수치화해 평가하는 기본 방식을 살펴보자.

KPI, Key Performance Indicator(핵심성과지표)

KPI는 인사평가의 핵심 항목이라 할 수 있다. '그 사람은 인사를 참 잘 해', '그 사람은 깔끔하게 하고 다녀서 너무 보기 좋아'와 같은 것은 수치로 표현할 수 없는 주관의 영역에 속한다. 이런 것들로 인사평가를 하면 공정성 시비가 일어날 수 있기 때문이다.

KPI라는 말은 핵심을 가리키는 'Key', 성과를 의미하는 'Performance', 이렇게 2개의 단어로 이루어져 있다. 핵심이란 회사에서 중요하게 생각하는 업적을 가리키는데, 생산부서라면 생산 관련 목표가 있을 것이고, 영업부서라면 판매 관련 목표가 있을 것이다. 성과는 목표 대비 몇 퍼센트를 달성했느냐를 따져보는 것이다. 필자가 근무했던 TV 수출팀을 예로 들도록 하겠다. 핵심은 판매였고, TV 수출 목표액은 100만 달러였다. 이때 70만 달러의 수익을 기록했다면 목표달성률은 70%라 할 수 있다.

필자가 가장 많이 고통받았던 것은 바로 지표다. 요약하면 KPI는 부서장이 자율적(?)으로 정한 목표 수치에 비해 얼마나 달성했는가를 평가하는 항목이다.

구글에서 성공한 모델 OKR

OKR은 구글에서 성공한 모델로, 앞으로 우리나라 대부분의 기업이 유행처럼 가져다 쓸 가능성이 크다. 그렇다면 OKR이란 무엇일까?

OKR은 목표(Object)를 달성하기 위해 핵심 결과(Key Result)를 미리 설정해놓고 끊임없이 목표를 점검하는 과정이라 할 수 있다. 앞서 언급한 KPI와 큰 틀에서는 유사한 점이 많다. 목표를 정해놓고 이를 어떻게 달성할 것인가를 지속적으로 점검한다는 점은 같다. 가장 큰 차이는 KPI는 목표가 한 번 정해지면 그걸로 계속 가는 반면 OKR은 목표를 정했다 해도 경영 환경이 변하면 유연하게 수정한다는 것이다.

결국 KPI와 OKR은 내가 얼마나 목표를 잘 달성했는지를 판단하는 기준이라 할 수 있다. 숫자로 나오기 때문에 정말 객관적으로 보인다('객관적이다'가 아닌 '객관적으로 보인다'라고 표현했다는 점에 주목하라). 우리나라는 이러한 숫자와 더불어 일명 '싸가지(버릇, 개념)' 등이 평가에 영향을 미치기 때문에 '수치'를 기반으로 한 인사평가는 100% 완성되었다고 보기는 어렵다.

006

몰입할 수 있는 취미를 가져라

예언을 하나 해보겠다. 이 책을 읽고 있는 당신은 3개월 후에 심각하게 퇴사를 고민할 것이다. 꿈에 그리던 직장이라면 그 기간이 더 짧을 수도 있다. 기대한 만큼 실망도 큰 법이니까! 다른 직장을 쉽게 구해 옮길 수 있다면 쿨하게 사표를 던지겠지만 현실은 그렇지 않다. 퇴사가 마려운(?) 분들에게는 2가지 선택지가 있다. 다른 회사에 이력서를 제출하고 기다리거나 힘들어도 현 직장에서 계속 근무하며 좋은 때를 기다리는 것! 힘들어도 현 직장에서 계속 근무해야 하는 상황이라면? 몰입할 수 있는 취미를 가져볼 것을 추천한다.

뇌도 재부팅이 필요하다

컴퓨터를 오래 켜두면 불필요한 데이터가 쌓여 처리 속도가 느려지고, 프로그램들이 충돌해 에러가 자주 발생한다. 이때 가장 좋은 방법은 전원을 껐다 켜는 것이다. 우리의 두뇌도 비슷하다. 너무 오랫동안 회사 일에 매달리면 에러가 발생한다. 뇌도 껐다 켜야 한다. 몰입할 수 있는 취미를 가지면 지친 뇌에 새로운 자극을 주어 뇌를 재부팅시킬 수 있다.

운동, 퍼즐 맞추기 등 우리의 몸과 마음을 오로지 하나에만 집중시킬 수 있는 것이 많다. 잠시 모든 것을 잊고 집중할 만한 무언가를 찾아보기 바란다. 1,000조각으로 된 퍼즐 맞추기, 프라모델 장난감 조립하기는 어떨까? 엄청난 집중력을 필요로 하기 때문에 잠시 나 자신을 잊을 수 있다.

필자는 어떠한 일이 잘 풀리지 않으면 잠시 중단하고 세차를 한다. 땀을 뻘뻘 흘리며 비누칠을 하고 수건으로 닦아내는 데만 집중하면 몸은 피곤하지만 마음은 힐링이 된다. 직접 세차를 할 수 없을 때는 세차 관련 동영상을 찾아보기도 한다. 특히 고압 세차기에서 힘차게 물이 뿜어져 나오면서 차가 깨끗해지는 모습을 보면 이상하게 마음이 안정된다.

종교에 의지해보는 것도 하나의 방법

필자가 출석하는 교회의 목사님께서 이런 말씀을 하신 적이 있다.

"성도님들은 인생이 잘 풀리면 자기가 잘나서 그런 줄 알고 교회에 잘 나오지 않다가 삶이 힘들어지면 다시 교회에 나와 눈물을 흘리며 회개한다."

꾸준히 교회에 출석해 신앙생활을 하는 것이 중요하다는 말씀을 하고 싶으셨던 것이 아닐까?

회사생활이 힘들어지면 각자의 종교에 더욱 매진하는 것도 좋은 방법이다. 불교신자는 절에서, 기독교 혹은 천주교 신자는 교회와 성당에서 잠시 뇌를 쉬게 할 수 있다. 필자의 직장 후배는 부서장의 과한 업무 지시로 엄청난 스트레스를 받자 교회에 열심히 다니기 시작했고, 신앙의 힘으로 회사 스트레스를 이겨냈다.

술에 의지하는 것은 바보들이나 하는 짓

고된 하루를 보내고 이렇게 외치는 사람이 많다.

"술 한잔하면서 다 잊어버리자!"

그런데 술을 마시면 정말 잊고자 하는 것을 모두 잊을 수 있을까? 술은 건강을 해칠 뿐이다. 특히 뇌세포는 악영향을 받는다 하니 술로 괴로움을 잊고자 하는 것은 결코 좋은 방법이 아니다. 과음을 하고 통제 불가능한 행동을 한 뒤 땅을 치고 후회할 가능성이 크다.

사회생활, 직장생활은 어느 정도 익숙해질 때까지 피곤함과 괴로움의 시간을 보낼 수밖에 없다. 이러한 시간을 슬기롭게 이겨내고자 한다면 건강을 해치지 않으면서 보람을 느낄 수 있는, 몰입할 수 있는 취미를 가져야 한다. 술, 도박 등은 건강과 재산을 잃을 가능성이 큰 방법이니 자발적으로 선택하지 않으리라 믿는다.

뼈를 묻을 회사는
존재하지 않는다

앞서 우리나라의 종신고용은 IMF를 거치면서 그 신화가 무너졌다고 이야기했다. 충성과 복종이라는 상하관계로 이어졌던 회사와 직원의 관계가 급여와 시간의 맞교환으로 변하고 있다. 회사는 내 청춘과 충성을 바쳐 봉사해야 하는 곳이 아니다. 동시에 직원은 책임지고 돌봐줘야 할 존재가 아니다. 회사와 직원은 계약으로 맺어진 깔끔한 관계여야만 한다.

직급보다 직무가 중요해진 세상

대한민국이 급성장한 1980년대까지만 해도 취업은 '성적순'이라는 기준이 있었다. 학교에서 공부를 잘한 순서대로 좋은 대학에 들어갔고, 좋은 대학 순서대로 좋은 기업에 취업했다. 학교 이름을 들으면 '졸업해서 어느 정도 직장에 입사해 어느 정도 연봉을 받겠구나' 하는 식의 대략적인 견적(?)이 나왔다. 그런데 지금은 어떤가? '성적'이라는 획일적인 기준은 상당히 많이 희미해졌다. 필자가 취업을 한 2000년대 초반에는 삼성, LG, 현대 등의 대기업이 입사하고 싶은 꿈의 직장이었다. 지금은 그 자리를 일명 '네카

라쿠배당토(네이버, 카카오, 라인, 쿠팡, 배달의 민족, 당근, 토스)'가 대신하고 있다.

회사에서 이사님, 부장님과 같이 짬밥을 나타내는 직급도 점점 사라지고 있다. 김프로, 이프로와 같이 직급과 상관없는 호칭을 사용하는 회사를 주변에서 쉽게 찾아볼 수 있다. 이제 개개인의 정체성은 'L전자 마케팅부장'과 같은 형식으로 표현되지 않는다. 그보다는 프로그래머, 마케터 등 어떤 일을 하고 있는지, 한마디로 '주특기'가 무엇인지가 더욱 중요해졌다. 자신은 지금 부장이네, 차장이네 하며 자기계발도 하지 않고 자리만 차지하고 있는 기성세대들은 머지않아 자신만의 주특기로 무장한 MZ세대 및 알파세대에게 자리를 내주어야 할 것이다.

지금은 N잡 시대

지금은 회사에 충성하지 않아도 되는 세상이기에 근무 외 시간을 자유롭게 사용할 수 있다. 한밤중에 직원에게 업무 전화를 거는 것은 실례를 넘어 괴롭힘, 갑질로 인식되고 있다. "주말에 뭐했어?", "휴가 때 어디 가?"와 같이 직원의 사생활을 묻는 것 역시 엄청난 결례다. 직원은 회사에 나쁜 영향을 미치지 않는 선에서 자유롭게 또 다른 직업을 가질 수 있다. (고용계약서에 '겸업 금지'라는 조항이 있는 회사가 있어 모두 상황이 같은 것은 아니다.)

여러 개의 직업을 가질 수 있는 N잡 시대가 열렸다. 개인적으로 N잡은 슬픈 일이라고 생각하는데, 좋은 회사에 어렵게 입사했어도 물가가 너무 많이 올라 하나의 직업만으로 충분한 소득을 얻을 수 없어 또 다른 일을 구하는 경우가 많기 때문이다. 하지만 지금은 N잡의 좋은 점을 살펴보도록 하

자. 음식을 맛있게 먹는 모습을, 무언가를 예쁘게 만드는 모습을 동영상으로 촬영해 SNS에 올렸는데 엄청난 화제가 되어 인플루언서가 되는 등 우연찮게 좋은 기회를 발견할 수도 있다.

과거의 고용 형태인 종신고용이 단점만 가지고 있었던 것은 아니다. 직업의 안정성 측면에서 해고, 퇴사의 위험을 제거함으로써 안정적인 생활과 재테크 기회를 얻을 수 있었기 때문이다. 세상이 변해 이제는 공무원, 공기업을 제외하고는 종신고용이 없다. 앞으로도 종신고용은 컴백하지 않을 것이다. 이는 더 이상 내가 뼈를 묻을 회사가 존재하지 않는다는 뜻이다. 부디 직급보다는 직무 위주로, 1잡보다는 N잡으로 소득을 오래, 동시에 많이 얻길 바란다.

**Common Sense Dictionary
for Rookies**

2

둘째 마당

자네,
근로계약서는
작성했나?

반드시 알아두어야 할 근로계약서 기초 항목

회사에 근무한다는 것은 회사와 내가 계약을 맺는다는 것을 의미한다. 즉, 나는 회사가 필요로 하는 근로를 제공하고 회사는 나에게 그에 대한 급여를 제공한다. 계약을 맺을 때 계약서를 작성하게 되는데, 어떤 내용이 계약에 포함되고 어떤 것을 주의해야 하는지 미리 알아둘 필요가 있다. "도장을 찍을 땐 신중해야 한다"라는 어른들의 말씀을 한 번쯤 들어본 적 있을 것이다. 괜히 그런 말씀을 하시는 게 아니다. 부동산이든 근로계약이든 도장을 찍거나 사인을 하기 전에는 계약서를 꼼꼼하게 살펴봐야 한다. 그래서 준비했다. 근로계약서 기초 항목!

근로계약서 양식

인터넷 검색창에 '근로계약서'를 검색하면 고용노동부에서 제공하는 '표준근로계약서(7종)' 양식을 확인할 수 있다.

표준근로계약서(기간의 정함이 없는 경우)

_____(이하 "사업주"라 함)과(와) _____(이하 "근로자"라 함)은 다음과 같이 근로계약을 체결한다.

1. 근로개시일 :   년   월   일부터
2. 근 무 장 소 :
3. 업무의 내용 :
4. 소정근로시간 : __시__분부터 __시__분까지 (휴게시간 : 시 분~ 시   분)
5. 근무일/휴일 : 매주 __일(또는 매일단위)근무, 주휴일 매주 __요일
6. 임 금
   - 월(일, 시간)급 : _____원
   - 상여금 : 있음 (   ) _____원, 없음 (   )
   - 기타급여(제수당 등) : 있음 (   ), 없음 (   )
     · _____원, _____원
     · _____원, _____원
   - 임금지급일 : 매월(매주 또는 매일) ____일(휴일의 경우는 전일 지급)
   - 지급방법 : 근로자에게 직접지급(   ), 근로자 명의 예금통장에 입금(   )
7. 연차유급휴가
   - 연차유급휴가는 근로기준법에서 정하는 바에 따라 부여함
8. 사회보험 적용여부(해당란에 체크)
   ☐ 고용보험 ☐ 산재보험 ☐ 국민연금 ☐ 건강보험
9. 근로계약서 교부
   - 사업주는 근로계약을 체결함과 동시에 본 계약서를 사본하여 근로자의 교부 요구와 관계없이 근로자에게 교부함(근로기준법 제17조 이행)
10. 근로계약, 취업규칙 등의 성실한 이행의무
   - 사업주와 근로자는 각자가 근로계약, 취업규칙, 단체협약을 지키고 성실하게 이행하여야 함
11. 기 타
   - 이 계약에 정함이 없는 사항은 근로기준법령에 의함

                          년   월   일

(사업주) 사업체명 :   (전화 :   )
         주   소 :
         대 표 자 :   (서명)
(근로자) 주   소 :
         연 락 처 :
         성   명 :   (서명)

우선 '기간의 정함이 없는 경우' 작성하는 표준근로계약서를 살펴보자. 기간의 정함이 없다는 것은 시작일은 정해져 있지만 종료일, 그러니까 퇴사일은 따로 정해져 있지 않다는 뜻이다. 이는 정규직이라는 뜻이다. 반대로

'기간의 정함이 있는 경우'는 비정규직이라고 이해하면 된다. 참고로 비정규직 근로계약은 2년을 초과하지 않는 경우가 대부분이다. 기업에서는 2년을 초과하여 근로하는 경우 정당한 이유 없이 근로관계종료(해고)를 할 수 없기 때문이다.

① 근로개시일

말 그대로 근무를 시작하는 날이다. 기간의 정함이 없는 경우(정규직)에는 근로개시일만 명시되고, 기간의 정함이 있는 경우(비정규직)에는 근로개시일 대신 근로 계약 기간이 명시되어 시작일과 종료일이 표시된다. 근로개시일 외 나머지 항목은 동일하다.

- **기간의 정함이 없는 경우 →** 근로개시일:　년　월　일부터
- **기간의 정함이 있는 경우 →** 근로계약기간:　년　월　일부터　년　월　일까지

② 근무 장소

근무하는 장소를 표기한다. 근무 내용과 근무 장소가 구체적으로 정해져 있으면 회사는 이를 일방적으로 변경할 수 없다는 대법원 판례가 있다. 만일 근무 장소가 변경되면 회사와 직원은 근로계약서를 다시 작성해야 한다. 정리하면 근무 장소가 정해져 있으면 그곳에서만 근무하게 되는 것이고, 정해져 있지 않으면 회사는 당신을 원하는 곳에 배치할 수 있다. 당신이 실제 작성하는 근로계약서에는 근무 장소와 관련하여 이런 문구가 덧붙여 있을 가능성이 크다.

'단, 업무상 필요에 따라 근무 장소는 변경될 수 있음.'

③ 업무의 내용

'Job Description'이라고 우아하게 표현할 수 있는 항목이다. 어떤 일을 할 것인지를 나타낸다. 영업, 마케팅 등과 같이 세부적으로 기술하는 경우도 있고, '회사가 정한 업무'와 같이 모호하게 기술하는 경우도 있다. 가장 무서운 업무 내용은 '제반업무'다. '회사는 너에게 무엇이든 시킬 권리가 있다'라는 무시무시한 말이 '제반업무'라는 4글자로 요약되기 때문이다.

④ 소정 근로 시간

주 52시간 기준으로 설명하면 법정 근로 시간은 주 40시간(월~금 하루 8시간)이며, 4시간당 30분, 8시간당 1시간의 무급 휴게 시간이 주어진다. 일주일 동안 최대 근로 시간은 주 40시간+연장근로 12시간으로 총 52시간이 된다. 휴게 시간인 점심시간에도 회사의 통제가 있다면 유급 근로 시간으로 본다. 그렇다. 휴식 시간에는 편하게 휴식을 취하면 된다. (참고로 노동법이 개정되면 주 52시간 기준이 변경될 수도 있다)

⑤ 근무일/휴일

일주일 중 어느 요일에 일할지를 정하는 항목이다. 주 40시간을 초과하지 않는 선에서 결정하는데, 월요일부터 금요일까지는 평일 근무, 일요일은 주휴일이 되는 경우가 많다. 지금까지의 인생에서 일요일은 '빨간 날' 정도였을 테지만 입사 후에는 '주 유급 휴일'인 무척이나 소중한 날이 될 것이다. 참고로 주 15시간 이상 근로하는 사람은 1주 1회 이상 유급 휴일을 받을 수 있다. 이것이 바로 알바생들에게 주 14시간 30분 일을 시키는 이유다.

⑥ 임금

시급, 주급, 월급에서 선택할 수 있는데, 기본값은 월급이라 보면 된다. 본급에 더해 기타 급여라 해서 상여금과 가족수당, 격증수당이 지급되는 경우 명시한다. 임금지급일(월급날)과 지급 방법도 함께 명시한다.

⑦ 연차유급휴가

연차유급휴가는 계약서에 다음과 같이 간략히 명시되어 있다.

'근로기준법에서 정하는 바에 따라 부여함.'

근로기준법에는 다음과 같이 명시되어 있다.

'(1) 1년간 총 소정근로일의 80% 이상 출근자에게 15일 부여, 1년 초과 매 2년마다 1일씩 가산, 한도 25일, (2) 1년 미만 또는 80% 미만 출근자에게 1개월 개근 시 1일 부여'

요약하면 연간 15일, 이런저런 조건을 다 채우면 최대 25일까지 유급휴가를 얻을 수 있다.

⑧ 사회보험 적용 여부

일명 4대 보험에 가입할지 여부를 결정한다. 대부분의 경우 정규직이면 4대 보험에 다 체크하게 되는데, 긱 이코노미(공유경제) 근로자는 해당 사항 없이 프리랜서 자격으로 근무하는 경우도 있다.

⑨ 근로계약서 교부

작성한 근로계약서는 근로자의 교부 요구와 관계없이 근로자에게 교부해야 한다. 미교부 시 500만 원 이하의 벌금이 부과된다. 일반 회사뿐 아니라 작은 사업장 알바생에게도 해당하는 사항이니 꼭 알아두기 바란다.

⑩ 근로계약, 취업 규칙 등의 성실한 이행 의무

서로 잘해보자는 내용이다. 별것 없다.

⑪ 기타

7번 항목인 연차유급휴가에서 '근로기준법에서 정하는 바에 따라 부여함'이라 짧게 요약된 것과 마찬가지로 11번 항목 기타에도 '이 계약에 정함이 없는 사항은 근로기준법령에 의함'이라 짧게 적혀 있다. 직장생활을 하다 보면 여러 가지 사정이 생길 수 있는데, 따로 정한 사항이 아니라면 '계약서에 없으면 법대로 하자'라는 내용이다.

내 권리는 내가 지킨다

009

이 세상 모든 사장님이 "자네는 사회생활 경험이 없으니 급여와 휴가는 내가 알아서 챙겨줄게" 혹은 "신입사원이라고 눈치 보지 말고 자유롭게 휴가를 쓰도록 해"라고 말해준다면 얼마나 좋을까? 하지만 내 권리를 상사나 동료가 대신 챙겨주는 일은 결코 일어나지 않는다. 알아서 챙겨야 한다. 미리 알아두어야 할 권리를 정리해보았다.

첫 번째 권리, 수당

주휴수당

주휴수당이란 주 15시간 근무하는 근로자가 일주일 동안 출근하는 경우 주 1회 이상의 휴일을 부여하는 것으로, 이때 휴일은 고맙게도 '유급'이다. 받게 되는 금액은 1일 임금액이다. 예를 들어, 하루 8시간 근무한다면 8시간에 대한 임금을 받을 수 있다.

주 5일 일하지 않는 근로자뿐 아니라 주 40시간 미만 근로자, 알바생인 경우에도 주 15시간 이상 근무하면 주휴수당을 받을 수 있다. 그런데 알바

생들에게 14시간 30분 일을 시키면 주휴수당을 주지 않아도 되니 사업주들은 일명 '쪼개기 알바'를 통해 (합법적으로) 주휴수당을 지급하지 않으려 한다. 이에 청년들은 일명 '주휴수당 몰아주기' 기법을 통해 대타로 알바를 해주어 15시간 이상 근무 시간을 채우는 방법을 찾아냈다. 다들 머리가 좋다.

최저임금

최저임금은 대부분의 사업주가 잘 지키는 편이므로 특별히 언급할 것이 없다. 교육이나 수습 기간에는 급여의 10%를 깎는 경우가 있는데, 이건 합법이다. 다만, 1년 이상의 근로계약을 체결한 경우에만 적용되고, 최대 3개월만 '수습'이다. 4개월 차부터는 10% 할인 같은 건 없다.

각종 근무수당

- **연장근무수당:** 5인 이상 사업장은 근로자가 하루에 정해진 근로 시간 이상 근무하는 경우 연장근무수당을 지급해야 한다. 금액은 '통상시급×1.5×연장 근로한 시간', 즉 시급의 1.5배다.
- **휴일근무수당:** 5인 이상 사업장은 근로자가 휴일에 근무하는 경우 연장근무수당과 마찬가지로 1.5배의 수당을 지급해야 한다.
- **야간근무수당:** 5인 이상 사업장은 밤 10시부터 오전 6시 사이 발생한 근로에 대해 야간근무수당을 지급해야 한다. 금액은 시급의 1.5배이지만, 야간근무이면서 동시에 연장근무인 경우라면 시급의 2배로 계산한다.

각종 근무수당을 설명할 때 계속해서 '5인 이상 사업장'이라고 이야기한 것을 눈치 챘을 것이다. 만약 5인 미만이라면? 연장근무수당, 휴일근무수당은 1.5배가 아닌 1배이며, 야간근무수당은 지급 의무가 없다. 어른들이 '번 듯한 대기업'을 선호하는 것은 나름 이유가 있어 보인다.

두 번째 권리, 휴가

필자는 입사 3년 미만 신입사원은 여름휴가를 갈 수 없다는 부서장의 거짓말에 속았던 뼈아픈 기억이 있다. 이렇게 거짓말하는 부서장이 있다면 팩트로 반박할 수 있어야 한다.

연차휴가

1년 이상 근무한 근로자는 근무 기간의 80% 이상 출근하면 15일 연차 휴가가 생긴다. 만일 연차를 다 사용하지 못하면 연차수당으로 보상받을 수 있다. 이때, 주의 사항이 있다. 회사에서 연차 사용을 적극적으로 격려하고 장려한 경우에는 연차수당 지급 의무가 없다는 것! 과연 어떻게 해야 적극적인 격려와 장려일까? 바로 '연차 사용 촉진제'라는 것을 통해서다. 회사는 1차적으로 연차 소멸 6개월 전에 근로자에게 남은 휴가 일수를 통보해야 하고, 근로자는 10일 이내에 휴가 사용 시기를 회사에 통보해야 한다.

이것으로 끝이 아니다. 2차가 있다. 회사는 연차 소멸 2개월 전에 근로자에게 연차 사용을 통보해야 한다. 이러한 모든 과정이 서면으로 이루어졌다면 회사는 근로자가 사용하지 않은 미사용 연차 휴가에 대해 금전 보상 의무가 면제된다. 즉, 회사는 열심히 휴가를 가라고 독려했는데 근로자가 굳이 일하겠다고 하면 따로 수당을 주지 않아도 된다. 1년 미만 근무했다면 1개월당 1일의 연차휴가를 받을 수 있다. 신입사원에게도 권리가 있다는 뜻이다.

출산휴가

임신 중인 여성 근로자는 출산 예정일을 기준으로 출산 전, 출산 후에 90일의 휴가를 받을 수 있다. 출산 전은 상관없으나 출산 후에는 반드시 45일 이상 휴가를 써야 한다. 이는 근로자가 출산휴가를 포기해도 강제로 부여되는 휴가다. 출산휴가를 보내지 않으면 사업주는 근로기준법 위반으로 처벌받는다.

배우자 출산휴가

배우자가 출산한 모든 근로자를 대상으로 부여하는 10일의 유급휴가다. 근로자의 근속 기간, 근로 형태, 직종과 상관없이 배우자 출산 90일 이내에 휴가 사용을 청구해야 한다.

생리휴가

사용자(회사)는 여성 근로자가 청구할 경우 월 1일의 생리휴가를 반드시 주어야 한다. 참고로 근로기준법상 생리휴가는 무급휴가로 처리되는데, 유급으로 처리해주는 회사도 있다.

가족 돌봄 휴가

최대 10일로 정해지는 휴가로 가족의 질병, 자녀의 양육으로 인해 긴급하게 가족을 돌봐야 하는 일이 있는 경우 하루 단위로 나누어 사용할 수 있다. 원칙은 무급이지만 유급으로 처리해주는 회사도 있다.

기타 약정 휴가

경조사 휴가, 병가, 여름휴가 등 법으로 정해진 휴가가 아닌, 회사의 재량에 따라 제공되는 휴가다.

근로자의 핵심 권리인 수당과 휴가, 이 2가지는 확실히 알아두도록 하자. 개인적으로 조언하자면 입사하자마자 수당과 휴가를 챙기는 것은 좋아 보이지 않을 수 있다. 일단 모른 척하고 가만히 있어보자. 그럴 때 옆에서 "○○씨, 휴가 계획 제출하세요" 또는 "○○씨, 근무수당 신청하세요"와 같이 이야기해주는 사람이 있다면 그 회사는 오래 다닐 만한 회사다. 만약 "우린 가족 같은 사이인데 바쁘면 휴일에도 나와야지", "회사가 어려운데 수당 같은 걸 신청해야겠어?"라고 말하는 회사라면? 어떻게 할지 스스로 판단해야 한다.

010

내 월급을 꼼꼼히!
월급명세서 읽는 법

자신이 좋아하는 일을 직업으로 삼은 사람이 세상에서 제일 행복한 사람이라고 한다. 반은 맞고, 반은 틀린 이야기다. 취미는 취미일 때가 가장 즐거우니까. 그게 직업이 된다면 더 잘해야 한다는 부담감으로 스트레스를 받을 수도 있다.

회사에 입사했는데 누군가가 당신에게 "당신은 이런 일을 좋아한다고 하니 내가 그 일을 할 수 있도록 자리를 마련해드리겠습니다"라고 한다면 얼마나 좋을까? 내가 하고 싶은 일을 회사에서 마음껏 하며 월급을 받을 수 있다면, 심지어 일을 할 때마다 동료들이 감탄하며 칭찬까지 해준다면 더 이상 바랄 게 없을 것이다. 그런 회사는 전생에 나라를 구해야 얻을 수 있지 않을까?

나는 일하고 회사는 대가를 주는 시스템

회사에 입사했다고 곧바로 내가 하고 싶은 일을 하게 되는 것은 아니다. 내 의지와 상관없이 당장 해야 할 일을 해야 한다. 그게 당신이 그 회사에 있는 이유이자 회사가 월급을 주는 이유이니까. 그렇다. 내 입맛에 꼭 맞는 일을 하지 못할 가능성이 크다.

놀이공원을 상상해보자. 놀이기구에 탑승함으로써 즐거움을 얻는 사람들은 기꺼이 그 값을 지불한다. 회사 일도 (그럴 일은 거의 없겠지만) 즐거움을 준다면 당신은 회사에 다니면서 그 값을 지불해야 한다. 즐거움의 대가로 말이다. 하지만 아직까지는 그런 사람을 본 적이 없다.

기억하자. 회사는 즐거움을 위한 장소가 아니다. 내가 하고 싶은 일이 아닌 회사에서 시키는 일을 처리하고 대가를 받는 곳이다. 회사에서 즐거움, 재미, 보람을 느끼고 싶다면 그 생각을 빨리 접길 바란다.

급여 구성 항목

일반적으로 급여라 하면 '내가 일한 대가' 정도로 이해할 것이다. 하지만 사실 그렇게 단순하지만은 않다. 되돌아오지 않을 소중한 내 청춘도 한 방울, 일을 하면서 속으로 삼킨 내 눈물도 한 방울 들어가기 때문이다. 급여에는 과연 어떠한 것들이 들어가 있는지 필자가 경험했던 내용을 기반으로 살펴보자.

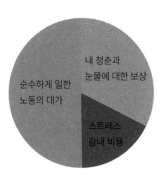

노동의 대가, 눈물에 대한 보상은 알겠는데 스트레스 감내 비용은 뭔가 싶을 것이다. 간단하다. 정말 보고 싶지 않은 얼굴을 한 달 동안 주 40시간

(길게는 최대 52시간) 봐야 하는 스트레스에 대한 보상이다.

정리하면 월급의 절반 정도는 순수하게 일한 노동의 대가, 나머지 절반은 나의 피, 땀, 눈물에 대한 보상과 직장생활 스트레스 감내를 위한 비용이라 할 수 있다.

월급명세서 뜯어보기

미리 양해를 구한다. 내용의 일부를 저자의 재테크 서적 《월급쟁이 재테크 상식사전》에서 가져왔다.

2022년 1월 월급명세서

귀하의 노고에 감사드립니다.   2022년 1월 10일

정보		급여 내역		공제 내역	
성명	김길벗	기본급	2,000,000	소득세	58,750
직급	대리	상여금	550,000	지방소득세	5,875
팀명	학습팀	연장근무수당	150,000	국민연금	121,500
연장 근무	10시간	복리후생비	300,000	건강보험	92,610
		특별상여금		고용보험	21,600
메모				장기요양보험료	10,669
				결근공제	
				조합비	
		급여총액	3,000,000	공제총액	311,004
		실지급액	2,688,996		

주) 복리후생비 30만 원은 4대 보험 및 소득세 계산 시 제외함

① 기본급

매우 중요한 항목이다. 세금 중에 기본급 기준으로 액수가 결정되는 것도 있고, 우리가 사랑해 마지않는 보너스도 기본급을 기준으로 금액이 결정된다.

② 상여금

회사에 따라 월급을 주는 또 하나의 방법으로 사용되는 항목이다.

③ 연장근무수당

공무원이나 대기업 사원이 아니라면 큰 기대는 하지 않길 바란다. 대부분의 회사는 휴일 출근과 야근으로 인한 수당을 기본급에 포함시킨다. 정식으로 사원증을 찍으면 인정받을 수 있는 귀한 수당이다.

④ 복리후생비

식대, 교통비 등이 이에 포함된다. 이 항목 역시 기본급에 포함시키는 회사가 많다. 참고로 복리후생비는 세금과 4대 보험 계산에서 제외된다. 일종의 실비 정산 개념이기 때문이다. 이건 참 고맙다.

⑤ 특별상여금

진정한 보너스다. 개인 성과와 회사의 이익에 따라 특별히 지급되는 상여금이다. 인센티브라고 생각하면 된다. 하지만 두둑하게 받을수록 세금도 많이 나간다.

⑥ 소득세

근로소득세, 갑종근로소득세, 갑근세 모두 같은 말이다. 소득세는 급여소득, 상여금, 부양가족 수에 따라 등급이 달라져 계산하기가 쉽지 않다. 국세청 홈페이지(www.nts.go.kr)에 접속한 뒤 '조회 서비스 → 간이세액표'를 클릭하면 친절하게 자동으로 계산해준다. 우선 여기서는 이런 게 있다 정도만 알아두기 바란다.

⑦ 지방소득세

소득세의 10%가 지방소득세로 부과된다. 소득세가 국가에 납부하는 세금이라면, 지방소득세는 구청에 납부하는 세금이다. 소득세와 지방소득세는 연말정산을 통해 환급받을 수 있다.

⑧ 국민연금

국민의 의무다. 각종 실비수당과 복리후생비를 제외한 지급액계의 4.5%를(사업주와 반반) 국민연금으로 납부해야 한다. 회사에서 섣불리 국민연금 액수를 말하며 불만을 토로했다가는 연봉 수준이 알려지는 사고가 발생할 수도 있으니 조심하기 바란다.

⑨ 건강보험

국민연금과 마찬가지로 각종 수당과 복리후생비를 제외한 월급의 약 3.43%를 납부해야 한다. 이 역시 국민의 의무다. 국민연금과 건강보험은 세금은 아니지만 의무적으로 가입해야 하는 사회보험이다. 준조세(조세 이외에 법정부담금과 기부금·성금 등을 포함하는 일체의 금전급부의무) 성격을 가졌다고 보면 된다. 국민연금과 건강보험료는 회사와 당신이 5:5 비율로 함께 납부한다. 현재 당신이 붓고 있는 금액에 곱하기 2를 한 액수가 당신이 국민연금공단과 건강보험공단에 납부하는 총금액이다. 가족이 많다고 해도 건강보험료는 증가하지 않는다.

⑩ 고용보험

수당, 복리후생비를 제외한 월 급여의 0.25%, 0.45%, 0.65%, 0.85%를 기업의 규모에 따라 차등 적용해 공제한다. 다만 노동자인 당신에게는 기업의 규모와 상관없이 동일하게 0.8%를 공제한다. 납부된 세금은 고용보험사업(실업급여, 고용안정사업, 직업능력개발사업)에 사용된다.

⑪ 장기요양보험료

건강보험료의 약 11.52%가 장기요양보험료로 부과된다. 건강보험과 마찬가지로 알아서 월급에서 빠져나가며, 회사도 절반을 부담한다. 계산해보면 월급의 약 0.4%를 보험료로 납부한다.

⑫ 결근공제

연차나 월차 등 사규로 정해놓은 휴일 이상을 사용했을 경우 공제되는 금액이다. 아프지 말자. 술 마시고 뻗지도 말자.

⑬ 조합비

노동조합(흔히 '노조'라고 한다)의 활동비는 당연히 조합원인 당신이 부담해야 한다. 회사마다 차이가 많으므로 개별적으로 확인해보기 바란다.

⑭ 실지급액

신성한 노동을 하고 난 뒤 실제로 받는 한 달 월급이다. 이 금액을 기준으로 한 달의 소비 생활과 재테크 범위를 생각해야 한다. 분명히 연봉 협상을 할 때 내 연봉은 3,600만 원이었는데 이상하게 통장에 찍힌 월급은 '3,600만 원÷12=300만 원'이 아닌 270만 원이거나 그보다 적다. 회사에서 4대 보험과 소득세를 뺀 금액을 통장에 꽂아(?)주기 때문이다. 연봉이 전액 자신의 통장으로 들어오는 것이 아니라는 사실을 미리 알아두자.

**Common Sense Dictionary
for Rookies**

3

셋째
마당

이제 거래를
시작하자

회사와 나는
계약으로 묶인 관계

옛날 옛적엔 대기업들이 대규모 공채를 실시했다. 그물을 던져 한꺼번에 물고기를 잡아 올리듯 본사에서 신입사원을 대거 뽑아 교육시킨 뒤 각 계열사로 보냈다. 삼성에 취업하면 삼성맨, 현대에 취업하면 현대맨이라 불렸다. 어떤 회사에 입사한다는 것은 그 회사의 가치관을 받아들인다는 것을 의미했다.

신입사원 교육장은 군대의 신병훈련소와 크게 다르지 않았다. 짧게는 15일, 길게는 한 달 동안 교육이 이루어졌다. 그 과정에서 나쁜 물(?)을 쭉 빼고 회사 물을 주입시켰다. 모두가 자신이 입사한 회사가 우주 최강이라는 자부심과 애사심, 충성심으로 무장했다. 앞서 이야기했듯 종신고용이 전제되어 있던 시기라 가능한 일이었다. '회사는 너희를 평생 고용할 테니, 너희는 회사에 충성을 다하기 바란다'라는 식이었다.

"나중에 더 잘해줄게"라는 말은 거짓이다

나름 원원 관계였던 종신고용은 멸종된 공룡 이야기처럼 너무나도 오래

전의 이야기일 뿐이다. 이제 회사는 그물을 던져 신입사원을 뽑지 않는다. 계열사별로, 부서별로 최소한의 인원만 뽑아 회사의 가치관이나 비전을 주입할 시간도 없이 바로 업무에 투입한다. 경력사원 같은 신입사원을 뽑는다는 말이 이래서 나온 것이다. 교육 과정을 거치지 않고 바로 일을 시킬 수 있는 신입사원을 선호하는 것은 어쩌면 당연한 일이다. 신입사원들 역시 어느 회사에 소속되었다 해서 그 회사에 뼈를 묻겠다는 생각은 하지 않는다. 그들은 급여를 비롯한 보상 등을 매우 중요하게 생각한다.

언론은 MZ세대를 두고 '더 안 주면 떠나는 신의 없는 세대'라고 평가하며 기업들이 임금 인상 등 그들의 요구 사항을 다 들어주면 기업 사정이 어려워질 것이라는 우려 섞인 기사를 내보내기도 했다. MZ세대 입장에서는 임금 인상 요구가 너무나도 당연하다. 사람을 쓰려면 그에 맞는 합당한 값을 치러야 하지 않겠는가.

A회사에서 근무하면 1년에 1억 원을 받을 수 있는데 B회사에서는 같은 업무를 하면서 7,000만 원을 받는다면 연봉이 더 높은 곳으로 이직하는 것이 당연하지 않을까? 다음 해에도 그 회사에서 계속 근무할지 모르는 상태에서 "내년엔 더 좋은 대우를 해줄게"라는 회사의 말에 "네! 믿고 기다리겠습니다"라는 말이 나오진 않을 것이다. 100만 원을 주면서 500만 원어치 일을 시키는 상황에서 임금 인상을 요구했다고 "요즘 젊은 것들은!"이라는 말을 들을 이유가 없다. 자신의 노력과 성과에 대한 보상을 요구하는 것은 결코 비난받을 일이 아니다.

혹시라도 근무하게 될 회사가 "미안한데 내년엔 더 잘해줄게"라고 말한다면 그 말을 너무 믿지 마라. 올해 제대로 대접해주지 않는 회사가 내년에 약속을 지킬 가능성은 매우 희박하다.

회사와 직원은 쿨한 계약관계

이제 회사와 나의 관계는 더 이상 상하관계, 충성관계가 아니다. 나는 나대로 최선의 노력으로 성과를 창출하고, 회사는 회사대로 그에 맞는 대접을 해주면 되는 깔끔하고 아름다운 관계다. 어느 정도 시간이 지난 뒤 당신의 상사가 조용히 불러 이렇게 이야기할 수도 있다.

"미안한데, 지금 회사 사정이 너무 어려워서 나가줘야겠어."

이때 "내가 이 회사에 바친 시간이 얼마인데!"라며 화낼 필요 없다. 회사는 더 이상 내 능력을 돈 주고 사고 싶지 않다는 뜻이니까.

회사의 임원들이 그렇지 않은가. 임원들은 매년 평가를 받은 뒤 연임 혹은 해임된다. 이러한 형태가 우리에게도 적용된다고 보면 된다. 따라서 언제든 떠날 수 있도록 마음의 준비를 하고 있어야 한다. 회사와 나는 계약관계라는 점을 항상 염두에 두면 쿨하게 대처할 수 있다.

참고로 나라에서는 근로자를 위한 안전장치로 여러 가지 법을 통해 '갑작스러운 해고'는 하지 못하도록 하고 있다. 그럼에도 사장님들은 어떻게든 이유를 만들어낸다. 나라의 법을 너무 믿어서는 안 된다. 지금 회사에 막 입사한 신입사원이라면 대충 사업장을 둘러보고 평균 연령을 가늠해보라. 당신이 근무할 수 있는 기간에 대한 답을 얻을 수 있을 것이다.

매년 이력서를 업데이트해야 하는 이유가 여기에 있다. 그래야 갑작스러운 해고에 당황하지 않을 수 있다. 매년 이력서를 살펴본다면 나에게 부족한 점은 무엇인지 스스로 진단할 수 있고, 회사생활에 유용한 무기를 갈고닦을 계획을 세울 수 있다. 회사는 당신의 능력을 돈을 지불하고 사용한다. 당신은 시간과 청춘을 계약대로 제공한다. 그 이상의 것을 서로에게 기대하는 것은 깔끔하지 못하다.

'라떼'를 입에 올리는 사람을 멀리하라

라떼는 말이야

"내가 왕년에 이런 사람이었어"라고 말하는 사람은 알고 보면 별 볼 일 없는 사람일 가능성이 크다. 대단했던 과거를 회상하며 현재의 처지를 비관하는 사람들이 입에 달고 사는 말이다. 왕년이 아닌 지금 어떤가를 따져야 한다. "나 때는 말이야", "우리 때는 말이야"라는 말 역시 이와 비슷하다. 시선이 현재가 아닌 과거로 향한다. 그렇다. 그런 말을 하는 사람들 역시 별 볼 일 없다. 필자의 경험에 따르면 대략 43세 전후로 '라떼'를 입에 올리기 시작한다. 그런 사람과는 친하게 지낼 필요 없다. 별로 얻을 것이 없다. 대충 맞장구쳐주고 속으로 무시하면 된다.

라떼 같은 소리하네

기성세대는 회사와 근로계약서를 작성하며 연봉 협상을 하는 것이 익숙하지 않다. '회사에서 주는 대로 감사하게 받아야지 무슨 협상을 해'라는 마인드가 남아 있기 때문이다. 회사와 자신이 동등한 계약관계라는 점을 이해하지 못한다. 회사는 미천한 나에게 월급을 주는 고마운 존재이고, 제 날짜에 제대로 입금만 되어도 감사한 일이라고 생각한다.

라떼를 외치는 사람들이 사회초년생이던 시절에는 그 이야기가 맞았다. 계약관계가 아닌 주종관계에 가까웠기 때문에 감히 주인님인 회사에 무언가를 요구할 생각을 하지 않았다. 주는 대로 받고 오라면 오고 나가라면 나갔다. '복종'의 문화에 촉촉이 젖어 있는 부장급의 기성세대에게는 회사가 주인님이었지만, 지금 막 입사한 사회초년생에게 회사는 거래관계를 맺은 파트너일 뿐이다. 회사에 대한 인식이 다르기 때문에 서로 말이 통하지 않을 수밖에 없다.

진정한 어른과 꼰대 구분법

늙은이와 어르신! 이 둘은 나이 많은 사람을 가리키는 단어인데 어감이 상당히 다르다. 젊은 사람들이 나이 많은 사람을 무조건 싫어하는 것은 아니다. 어르신은 존경하고 따르지만 늙은이는 옆에 있기도 싫다. 그런데 이 둘을 어떻게 구분할 수 있을까? 간단하다. 상대방의 말을 '경청'하느냐로 구분된다.

늙은이는 남의 말을 듣지 않고 항상 자신이 옳다고 생각한다. 자신과 다른 의견을 가진 사람을 이해하지도, 용납하지도 못한다. 잘못된 점을 지적하면 "젊은 것이 버릇없게!", "너 몇 살이야!" 하며 목소리를 높인다. 여기에 권위의식까지 있으면 '꼰대'다. "내가 너보다 아는 것이 많아. 모르면 가만히 있어. 너는 그냥 내 말만 들으면 되는 거야"와 같은 꼰대들의 언어는 상대방의 의견 따위는 무시해버리면 그만이라는 식이다. 반면 어르신은 자신이 틀릴 수도 있다는 점을 인정하고 다른 사람들의 목소리에 귀를 기울인다.

자, 당신은 어떠한가? 당신은 항상 옳은가? 만일 그렇다고 생각한다면 당신은 이미 꼰대일 가능성이 크다. 내 나이가 몇인데 꼰대냐고? 꼰대는 나이와 아무 상관이 없다. 젊은 꼰대들 역시 늘 우리 곁에 도사리고 있다.

013

입사와 동시에 이직을 준비하라

입사한 바로 그날이 이직 준비 1일 차다. 조금 냉정하게 들리겠지만 회사에서 당신을 평생 지켜주겠다는 약속을 하지 않는 이상, 본인 스스로 몸값을 높일 준비를 하며 더 좋은 직장을 알아보아야 한다. 전문 자격증을 취득하거나 어학 스펙을 더 쌓는 식으로 자신의 무기를 더욱 날카롭게 갈고닦아야 한다.

이직 준비 기간은 3년

지금 직장이 아무리 어렵고 힘들어도 최소 3년은 다녀야 한다. 단 하루도 견디기 힘든 곳이라 해도 참고 참으며 3년만 버텨라. 근무 기간이 짧으면 새로운 곳으로 이직하기 위해 면접을 볼 때 면접관들은 당신이 인내심이 부족하거나 사회생활에 어려움이 있거나 대인관계가 좋지 않을 것이라 생각할 수도 있다. 하지만 3년이라는 시간은 모든 의심을 거두어들일 수 있다. 면접관들은 당신의 인내심, 성실함에 문제가 없다고 생각할 뿐만 아니라 업무능력 역시 어느 정도 쌓았을 것이라 판단할 가능성이 크다.

3년이면 신입이 아닌 경력으로 다른 회사에 지원할 수 있다. 어느 곳에 가더라도 적응 기간 없이 바로 업무에 투입될 수 있으니 당당하게 경력사원으로 입사할 수 있다. 단군신화를 떠올려보자. 도중에 포기하고 뛰쳐나간 호랑이와 달리 마늘과 쑥을 먹으며 긴 시간을 묵묵히 버틴 곰은 결국 단군할아버지를 낳지 않았는가. 지금 회사가 아무리 힘들어도 '3년 후엔 굿바이'라는 마음가짐으로 이를 악물고 곰처럼 버텨야 한다. 혹시 호랑이 스타일이라 당장 뛰쳐나가지 않으면 미쳐버릴 것 같다면? 근무 기간이 1년이 넘지 않으면 경력이 아닌 신입으로 다시 입사해야 한다는 점을 기억하기 바란다.

이력서 업데이트는 필수

언젠가 인터넷 커뮤니티에서 한 신입사원이 입사지원서에 '당신들이 뭔데 내 인생을 종이 몇 장으로 평가하려 해?'라고 호기롭게 적어놓은 것을 보았다. 좀 멋있었다. 그런데 대통령을 뽑을 때도 종이 몇 장을 할애해 후보자와 공약을 소개한다. 즉, 몇 장의 종이에 모든 인생이 담긴다는 것이다. 이 책의 날개를 보라. 필자 소개가 작은 글씨로 몇 줄 적혀 있다. 필자 역시 인생 썰을 풀면 한없이 길지 않겠는가. 이력서는 단 한 장의 종이에 내가 누구인지 잘 밝힐 수 있어야 한다. 이력서 업데이트는 매년 하는 것이 좋다. 지금부터는 기억하기 좋게 자신의 생일 때마다 나에게 주는 선물로 이력서를 업데이트해보기 바란다.

필자 역시 이런 경험이 있다. 수출팀 사원으로 잘 다니던 회사에서 퇴사를 결심했을 때 옆자리 동료가 고맙게도 다른 계열사 구매팀에서 사람을 뽑으니 지원해보라고 말해주었다. 이력서를 작성하려고 보니 이런! 내가 그동안 무엇을 했는지 하나도 기억이 나지 않았다. 눈물로 성공시킨 어려운 프로젝트의 담당자였는데도 말이다. 그래서 그냥 간단하게 한 줄을 적을 수밖에 없었다. (그 당시 필자는 LG전자의 Philips LCD-TV ODM 프로젝트 담당자였다.)

회사에서 하는 모든 업무는 나의 경력 사항이 된다. 시간이 많이 지난 뒤에는 어떻게 표현할지, 어떻게 포장할지 잘 기억이 나지 않는다. 매년, 아니 매일 자신의 경력을 메모하고 정리하면서 자신을 더욱 빛나게 해줄 이력서를 만들어야 한다.

나의 이직을 알리지 마라!

가장 중요하다. "나의 죽음을 적에게 알리지 마라!"라고 말씀하셨던 이순신 장군님처럼 우리 역시 이직 준비를 다른 사람에게 알리지 말아야 한다. 이직에 관심 없는 척, 지금 직장에서 최선을 다해 승진하고 싶은 척해야 한다. 과감하게 사표를 제출했다가 선배들의 만류로 퇴사를 취소한 친구가 있다. 그 후 그 친구는 '언제 떠날지 모르는 믿을 수 없는 직원'으로 낙인이 찍혀 굉장히 힘든 시간을 보냈다. 결국 도망치듯 회사를 떠나 기존보다 조건이 나쁜 곳으로 갈 수밖에 없었다. 한 번 이직을 결심했다면 미련을 가질 필요가 없다. 뒤도 돌아보지 말고 과감하게 떠나야 한다.

잠깐! 주의 사항이 있다. 아무리 회사가 싫어 떠난다 해도 '내일부터 안 나옵니다!'라는 식은 곤란하다. 심리적으로 통쾌한 기분이 들어 그간의 모든 스트레스를 날려버릴 수 있다 해도 말이다. 종종 남은 사람들을 곤란하게 만들고 싶어 자신이 쓰던 PC를 포맷해버리는 사람도 있다. 그러지는 말자. 뒷마무리는 깔끔하게 하고 떠나는 것이 좋다.

필자의 옆 부서에서 근무하던 A와 B가 있었다. A는 '맛 좀 봐라'라는 생각으로 사표를 던진 뒤 다음 날부터 출근하지 않았고, B는 동료들에게 "공부를 좀 더 하고 오겠습니다" 하고 인사한 뒤 유학길에 올랐다. B가 유학을 마칠 때쯤 회사는 그에게 "다시 올 생각 없나?" 하고 물었고, B는 매우 당당하게 "거기는 너무 힘들어서 다신 가고 싶지 않습니다"라고 답했다. 뒷마무리까지 잘하면 이렇게 '우리 다시 만날까?'라는 제안을 받을 수도 있다. 미워서 떠나는 회사라 해도 사람 일은 모르니 뒷마무리를 잘하자.

여기서 팁 하나! 회사를 그만두고 싶다면 그럴 듯한 퇴사 사유를 준비하자. "공부를 좀 더 하고 싶습니다"는 어떤가. 참으로 아름답지 않은가? 자신의 부족함을 느끼고 공부를 좀 더 하고 싶다는데 어떻게 말릴 것이며, 어떻게 미워할 수 있겠는가. 물론 그렇게 퇴사하고 난 뒤 다른 회사에 입사한 것을 들키면 머쓱하긴 하겠지만 "공부를 하려고 했는데 마침 제안이 들어와서요"라고 말하며 빠져나갈 수 있다.

014

딱 보면 견적이 나온다

처음 입사하게 되면 '내가 이 회사에 잘 적응할 수 있을까?', '이 회사에 언제까지 다닐 수 있을까?' 등 이런저런 생각이 머릿속에 떠오른다. 나중에 임원, 나아가 사장이 될 수 있을지도 궁금하다. 필자는 그 시기에 약간 엉뚱한 생각을 했다. 회사 주차장을 이용하면 편리할 것 같아 물어봤더니 임원만 무료 주차가 가능하다고 했다. 그때 계획을 세웠다.

'그래! 이 회사 임원이 되어 무료 주차를 해야겠어!'

인정한다. 그 당시 필자는 스스로를 너무 과대평가했다. 너무나 순진하게도 나보다 똑똑한 사람도 임원의 자리에 쉽게 오르지 못한다는 사실을 전혀 알지 못했다.

여기서 몇 살까지 일할 수 있을까

어렵게 입사하고 보수도 적절한 좋은 직장이라면 오래오래 다니며 안정적으로 월급을 받고 싶은 마음이 클 것이다. '내가 여기서 몇 살까지 일할 수 있을까?'라는 궁금증을 갖는 것은 당연하다. 나라에서 법으로 정년을 60세로 정하고 특별한 이유 없이 해고하는 것을 막고 있으니, 법대로라면 지금 옆에 있는 사람들과 오래도록 함께 일하며 환갑을 맞이해야 한다. 하지만 우리는 알고 있다. 세상만사 모두가 법대로만 되지 않는다는 사실을.

오늘 일터에서 마주친 사람들을 생각해보라. 대략의 연령대가 어떻게 되는가. 그럼 금방 답이 나올 것이다. 내가 임원도 되고 사장도 될 수 있을까를 판단해보는 방법도 이와 같다. 지금 근무하는 곳의 사장이 오너 일가(a.k.a 로열패밀리)라면 당신이 아무리 똑똑하고 능력 있어도 사장 자리는 꿰찰 수 없다. 자신의 힘으로 창업에 성공한 사장이라면? 이야기가 달라진다. 당신도 가능성이 있다. 인생을 걸어볼 만하다. 단, 가족 회사라 부사장이 아들, 이사가 조카라면 이야기가 또 달라진다.

내가 임원이 될 수 없을 것 같다고, 사장이 될 수 없을 것 같다고 판단하더라도 너무 좌절할 필요 없다. 3년 정도 일하다 몸값을 올려 다른 곳으로 가면 되니까. 사실 옮겨간 곳도 크게 다르지는 않을 것이다. 직원으로 사회생활을 시작하는 것은 당연하다. 평생 직원으로 살아가느냐, 사장이 되느냐는 오로지 자기 자신에게 달려 있다. 전문 자격증을 준비해 창업하거나 회사에서 배운 것들을 잘 활용해 창업하는 것도 좋은 방법이다.

일단 간을 보자

꼭 해주고 싶은 말이 있다. 처음에는 대충 간만 보라는 것! 애덤 그랜트(Adam Grant)의 저서 《오리지널스(Originals)》를 보면 위대한 창업가들의 이야기가 담겨 있다. 특히나 인상적이었던 것은 '안경계의 아마존'이라 불리는 '와비파커'를 만든 네 사람의 이야기였다. 그들은 처음 회사를 만들 때 '일단 해보긴 하지만 잘 안 될 것 같아'라는 마인드를 가지고 있었다. 각자 자신의 일에 충실하며 한 발만 살짝 걸치는 식으로 부업 삼아 와비파커를 시작한 것이다. 필자 역시 이와 다르지 않다. 이 책의 초판을 처음 출간한 15년 전에는 전업작가가 아니었다.

지금 당장 회사를 스캔해보자. 단점이 눈에 막 들어올 수도 있다. 자신에게 정말 맞지 않는 회사라 해도 이 악물고 3년은 버텨야 한다. 몸값을 올리기 위한 최선의 노력을 하면서 말이다. 창업을 위해 그동안 모은 돈을 모조리 투자할 생각이라면 잠시 참아라. 통계를 살펴보면 창업을 한 사람 중 절반은 1년 이내에 망한다고 한다. 열정 하나만 믿고 뛰어들기보다는 와비파커처럼 슬쩍 간만 보듯 시작해보기 바란다. 감을 잡았다 싶었을 때 본격적으로 뛰어들어도 늦지 않다. 많은 유튜버가 우연히 조회 수가 떡상(?)해 수입이 확 늘어나면 직장에서 뛰쳐나온다. 계속 조회 수를 유지한다면 다행이지만 그렇지 않으면 이도 저도 아니게 붕 뜨게 된다.

015

일 이야기만 합시다

학교에 다닐 때는 주로 또래 친구들과 어울린다. 사회생활이라 할 수 있는 활동이 거의 없다. 같은 반이라 해도 모든 친구와 친하게 지낼 필요가 없다. 마음에 맞는 친구들과 즐겁게 생활하면 그것으로 충분하다. 그런데 학교라는 울타리에서 벗어나 사회에 나오면 이러한 선택이 상당히 제한된다. 한 직장에 다니면 좋든 싫든 일정한 시간에 매일 얼굴을 봐야 하고, 심지어 식사도 함께해야 한다. 점심시간에 혼자 조용히 먹고 싶은 것을 먹으며 휴식을 취하고 싶은데 그러기가 쉽지 않다. 그런 생활을 주 40시간(최대 52시간) 해야 한다.

회사는 동아리가 아니다

당신은 학교에 다닐 때 모든 친구들을 좋아했는가? 아마도 아닐 것이다. 잘난 척하는 모습이 꼴 보기 싫어서, 생긴 게 마음에 들지 않아서, 다른 친구들을 괴롭혀서 등의 이유로 멀리한 친구가 분명 있을 것이다. 이와 마찬가지로 누군가가 당신을 싫어할 수도 있다. 이는 매우 자연스러운 인간의 감정이다. 자연스러운 미운 감정을 부자연스럽게 돌려 친하게 지내려 하는 과정에서 상처를 입을 수도 있다.

어떠한 회사에 이력서를 넣기 전에는 연봉, 근무 시간, 근무 지역, 업무 내용 등 많은 것을 따진다. 친한 친구가 그 회사에 다닌다는 이유만으로 이력서를 넣는 일은 거의 없다. 친분이 있는 사람들과 함께 회사생활을 하면 참으로 즐겁고 편안하겠지만 회사는 동아리가 아니다. 아는 사람이 한 명도 없다고 해서, 다른 사람들이 나를 싫어한다고 해서 좌절할 필요는 없다. 회사는 친분이 아닌 능력으로 승부를 보는 곳이니까. 업무만 제대로 해내면 아무도 건들지 못하는 곳이 바로 회사다.

당신이 부서장이라면 어떤 사람과 일하고 싶겠는가? 말이 잘 통해 친하게 지내지만 일은 잘하지 못하는 A인가, 말도 통하지 않고 친하게 지내지도 않지만 일은 끝내주게 하는 B인가? 결론은 간단하다. 당신이 일만 제대로 한다면 다른 사람들이 당신에게 다가올 것이다. 인간관계 때문에 불필요하게 에너지를 낭비할 필요가 전혀 없다.

화는 혀에서 나온다

조물주가 우리에게 입 하나, 귀 2개를 주신 이유가 있을 것이다. 아마도 말하는 것보다 듣는 것이 더 중요하다는 뜻이 아닐까? 《탈무드》에 이런 말이 나온다.

'입보다 귀를 상석에 앉혀라. 입으로 망한 적은 있어도 귀로 망한 적은 없다.'

직장생활을 하면 100% 일 이야기만 할 수는 없다. 어젯밤에 본 드라마

이야기를 할 수도 있고, 정치 이야기를 할 수도 있으며, 부서원들의 공공의 적인 부서장의 흉을 볼 수도 있다. 그런데 어떤 경우에든 입은 조심하고 또 조심해야 한다. 절대 용서받을 수 없는 일들은 바로 입 때문에 벌어지는 경우가 많다. 분위기를 부드럽게 만들고자 한 말이 누군가에게는 상처가 될 수도 있고, 수치심을 느끼게 할 수도 있다.

몇몇이 모여 누군가를 험담하면 뭔가 비밀을 공유하는 사이가 된 것만 같고 친밀감이 상승한 듯한 느낌이 든다. 그런데 과연 그들이 끝까지 비밀을 지켜줄까? 회식 자리에서 술에 취해 "부장님, 저 친구가 얼마 전에 이런 말을 했어요"라며 고자질을 할 수도 있고, "저 친구가 그러는데 자기가 그렇게 옷을 못 입는다며?"라며 깐죽거릴 수도 있다. 생각만 해도 얼굴이 화끈거리지 않는가? 그러니 직장에서는 웬만하면 일 이야기만 나누는 것이 가장 좋다.

정리하면, 말을 많이 해서 좋을 것은 하나도 없다. 사람들이 모여 누군가의 험담을 늘어놓는다면 조용히 듣기만 하라. 당신은 그저 "정말요? 그런 일이 있었어요?" 정도의 추임새만 넣어주면 된다. 대부분의 사람은 듣는 것보다 말하는 것을 좋아하기 때문에 상대방은 신나서 계속 떠들어댈 것이고, 당신은 이야기를 잘 들어주는 고마운 사람으로 인식될 것이다.

016

절대 용서가 안 되는 행동들

직장생활을 하다보면 절대 용서가 안 되는 것들이 있다는 사실을 알게 될 것이다. 업무와 관련한 웬만한 실수는 부서장이나 중간관리자가 쉴드를 쳐줄 수 있지만 쉴드 자체가 불가능한 것들이 있다. 예를 들어 '성범죄'가 그렇다. '젊어서 그래', '아직 철이 없어서 그래'의 영역이 아니다. 부서장에게 대충 정신교육을 받고 반성한다고 끝나는 일이 아니다. 자, 지금부터 직장에서는 물론 그 어디에서도 절대 하면 안 되는 몇 가지 행동을 이야기하도록 하겠다.

성희롱, 성추행 등 성폭력

두말할 필요 없다. 무조건 손목에 쇠고랑 차는 행동들이다.

성폭력 용어 정리

용어	희롱	성추행	성폭행
설명	상대방의 의사에 반하는 성 관련 말과 행동으로 불쾌하고 굴욕적인 느낌을 갖게 하는 등 유무형의 피해를 주는 행위	강제 추행, 성희롱 행위를 '폭행이나 협박'으로 강제하는 것	강간(상대방의 동의 없이 행하는 성적 삽입 행위)과 강간 미수
처벌	사업주에게 징계 등의 조치를 요구할 수 있으며 민사상 손해배상 청구 가능	형법상 10년 이하의 징역 또는 1,500만 원 이하의 벌금	형법상 3년 이상의 유기징역

출처: 〈서울신문〉 2018년 3월 8일자

직장 내 성희롱은 '사업주, 상급자 또는 근로자가 직장 내 지위를 이용하거나 업무와 관련하여 다른 근로자에게 성적 언동 등으로 성적 굴욕감 또는 혐오감을 느끼게 하거나 성적 언동 또는 그 밖의 요구 등에 따르지 아니하였다는 이유로 근로 조건 및 고용에서 불이익을 주는 것'이라고 법으로 명시되어 있다. 특히 성희롱은 젊은 세대보다 옛날 문화에 젖어 있는 아재들이 문제를 일으키는 경우가 많다. 상대방에게 "어제 뭐했어?", "애인 있어?" 등의 말들을 농담처럼 하면서 감옥과 사무실의 경계를 아슬아슬하게 줄타기한다.

해결책은 간단하다. 직장에서는 남성, 여성 구분 없이 외모, 옷, 패션 등에 대한 평가질(?)을 아예 해서는 안 된다. 다른 직원에게 개인적인 관심을 갖지 말고 그저 자신의 업무만 묵묵하게 하라. 혹시라도 뭔가 이야기가 하고 싶어지거나 입이 근질근질하면 메모장을 펼쳐라. 마음속에 담고 있는 말을 입 밖으로 내뱉는 순간 경찰이 찾아올지도 모른다.

직장 내 괴롭힘

이 역시 법으로 딱 정해져 있다.

'사용자 또는 노동자가 ① 직장에서의 지위 또는 관계 등의 우위를 이용하여 ② 업무상 적정 범위를 넘어 다른 노동자에게 ③ 신체적·정신적 고통을 주거나 근무 환경을 악화시키는 행위(근로기준법 제76조의2)'

한국직업능력개발원에서 몇 가지 예시를 들었다. 이 중 대부분은 직급과 짬(?)이 되는 경우에 저지를 수 있는 것들이니 패스하도록 하고, 사회초년생도 조심해야 하는 몇 가지 사례를 옮겨보도록 하겠다.

- 개인사에 대한 뒷담화나 소문을 퍼트림
- 다른 사람들 앞이나 온라인상에서 나에게 모욕감을 주는 언행을 함

인터넷에 험악한 댓글 달기

대한민국의 모든 국민은 익명성 뒤에 숨어 유명인, 연예인은 물론 특정인에 대한 욕설, 비방 등을 자유롭게 할 수 있는 자유가 있다. 단! 그 자유에 대한 책임도 뒤따른다는 점을 반드시 기억하기 바란다. 인터넷상에서 누군가를 실컷 욕하면 어느 날 갑자기 "○○경찰서 ○○○입니다. 모욕죄 고발 건으로 조사를 받으러 오셔야 합니다"라는 전화를 받게 될 수도 있다. "저 경찰서에 가서 조사 좀 받고 오겠습니다"라고 말하는 신입사원을 회사는 어떻게 생각할까? 《탈무드》에서는 혀를 조심하라고 하는데, 여기에 하나 더추가! 이제는 손가락도 너무 마음대로 움직이면 안 된다.

회사 보안 규정

회사생활 브이로그를 위해, 인스타그램 업로드를 위해 회사에서 동영상이나 사진을 찍는 일은 없도록 하자. 회사는 기업 기밀을 지키기 위해 보안 규정 등을 통해 많은 노력을 기울인다. 필자가 근무한 회사에서 무시무시한 정보기관에 소속된 강사님의 특강을 들은 적이 있다. 그는 기업 기밀을 해외로 넘길 경우 어떻게 되는지 이야기하며 웬만하면 그런 일로 자신을 만나지 말라고 살벌하게 충고해주었다. '나는 회사의 기밀을 다른 사람에게 퍼트릴 거야'라는 마음을 가지고 일을 벌이는 사람은 많지 않을 것이다. '실수'를 막기 위한 가장 좋은 방법은 회사와 관련된 것들은 SNS 등에 올리지 않는 것이다.

추가적으로 한 말씀 더 드리면, 높은 자리에 있는 고위 공무원들이 자녀 병역 문제, 부동산 위장 전입 문제 등으로 자리에서 물러나거나 재판을 받는 경우가 있다. 그분들이 '이 일이 이후에 내게 걸림돌이 될 수도 있어'라고 생각했다면 잘못을 저지르지 않았을 것이다. 당신 역시 언젠가 정치인이나 유명인이 될 수도 있다. '그때 내가 왜 그랬지?'라고 후회하는 일이 없도록 지금부터 부끄러운 일은 하지 않길 바란다.

살면서 절대로 해서는
안 되는 유머

성과 사생활에 대한 유머

유머는 좋은 것이지만 절대로 해서는 안 되는 유머가 있으니 바로 성과 사생활에 대한 것이다. 술자리에서 분위기를 살린답시고 "술은 여자가 따라야 제맛이지"라고 말했다가는 당장 고소를 당할 수도 있다. 지각한 직원에게 "어제 뭐했어? 좋았어?"라고 말하는 건 정말 최악이다. 누군가가 불쾌함을 표하면 "웃자고 한 이야기인데 뭘 그렇게 예민하게 굴어?"라고 말하는 사람이 있는데, 가까운 사람이든 그렇지 않은 사람이든 성을 주제로 하거나 사생활을 간섭하는 식의 말은 결코 농담이 될 수 없다. 수많은 성희롱, 성추행 사건들을 보라. 가해자는 항상 "그럴 의도가 없었습니다"라고 주장하지만 결국 처벌을 받지 않는가. 유머를 잘못 던졌다가는 인생까지 던져버릴 수도 있으니 부디 조심하기 바란다.

외모를 비하하는 유머

"네 얼굴은 보기만 해도 밥맛이 떨어져"와 같은 식의 유머는 곤란하다. 외모를 소재로 농담을 던지면 상대방은 심한 모욕감을 느낄 수 있다. 놀림을 당한 사람은 화를 내자니 자신이 이상한 사람이 될 것만 같고, 가만히 있자니 인정하는 것 같아 불쾌할 수밖에 없다. 이런 불쾌함은 언젠가 '보복'으로 돌아올 수도 있다.

017

부당함에 대응할
증거를 남겨라

종종 부서장이나 선배 직원들이 직장에서의 상하관계를 인간관계에서의 상하관계로 착각하는 경우가 있다. 자신의 개인적인 일을 부탁한다거나 말도 안 되는 업무를 억지로 하게 한다. 필자는 우리 위대하신 부서장님의 룸살롱 외상값을 결제하기 위해 출장(?)을 다녀온 적도 있다. 뭐 이 정도면 허락받은 외출 정도로 이해할 수 있지만 '분명 나중에 문제가 될 것 같은데?' 싶은 업무를 지시받는 경우도 있다.

오직 나만이 나를 지킬 수 있다

회사생활을 하다보면 찜찜한 느낌이 드는 업무를 지시받을 때가 있다. 제품의 재고가 쌓여 있는데 생산량을 늘리라는 지시를 받을 수도 있고, 특정 지역의 판매량이 떨어져 조치가 필요한 상황인데도 아무것도 하지 말고 기다리라는 지시를 받을 수도 있다.

부서장이 시킨다고 해서 무조건 "네! 알겠습니다" 하고 대답해서는 안 된다. 나중에 더 윗사람이 문제를 삼을 수도 있다. 이때 "모두 제 책임입니다. 제가 그렇게 하라고 지시했습니다"라고 말하는 부서장은 드물다. 담당자 입장에서는 억울할 수밖에 없다. 나중에 부서장은 당신에게 이렇게 말할지도 모른다.

"그때 왜 더 적극적으로 이야기하지 않았어! 나를 설득시켰어야지."

판단은 자신이 하고 책임은 담당자에게 미루는 아주 나쁜 경우다. 이러한 억울함을 방지하기 위해 담당자들은 항상 근거를 남겨야 한다. 뭔가 문제가 발생할 것 같거나 조치가 필요한 상황이라면 미리 보고서를 작성하거나 이메일을 보내 그에 대한 근거를 남겨둘 필요가 있다.

부서장이 서류, 즉 근거를 남기는 것을 싫어한다면 대화를 녹음해두는 것도 고려해야 한다. 나중에 문제가 발생했을 때 결정적 증거가 될 수도 있다. 이렇게까지 해야 하나 싶을 텐데, 준비를 많이 해서 나쁠 것은 없다. 누군가가 문제에 대한 책임을 져야 한다면 부당하고 잘못된 업무 지시를 내린 부서장에게 화살이 향해야 한다.

이런 일이 발생하지 않으면 참 좋겠지만 회사에서는 담당자가 억울하게 비난받거나 책임을 져야 하는 일이 종종 발생한다. 증거를 남기는 것이 비겁한 짓이라고 생각하는가? 자신의 잘못을 부인하고 책임지지 않으려는 것과 증거를 남기는 것 중 어느 것이 더 비겁한 짓인지 깊이 생각해보지 않아도 잘 알 것이다.

내부고발이 어려운 이유

안타깝게도 회사는 정의로운 곳이 아니다. 교과서대로라면 잘못한 사람은 벌을 받고, 잘못된 점을 밝힌 사람은 그 용기를 칭찬받아야 마땅하다. 하지만 현실은 그렇게 흘러가지 않는다. 예를 들어보도록 하겠다. 2021년 4월 27일 참으로 분한 소식이 보도되었다. 기사에 따르면 서울 ○○구청에 9급 으로 들어온 A씨는 선배들이 허위로 야근수당과 출장수당을 신청하는 것을 보고 공익제보를 했으나 결국 얻은 것은 우울증과 직장 동료들의 괴롭힘이었다고 한다. 잘못된 것을 잘못되었다 하고 증거까지 제출했으나 아무런 보호를 받지 못한 것이다. 잘못을 저지른 사람들은 어떻게 되었냐고? 별 탈 없이 잘 지내고 있다.

그렇다. 이 세상은 결코 정의롭지 않다. 현실적인 조언을 하자면 누군가가 잘못된 일을 함께하자고 제안하면 "이건 옳지 않아요"라고 말하기보다는 "전 겁이 나서 못합니다. 죄송합니다" 정도로 말하고 빠지는 것이 좋다. 정말 아니다 싶어 내부고발을 해야겠다면 자료를 꼼꼼하게 잘 모으고 이직 준비를 완료한 다음 과감하게 터트려야 한다. 너무나 슬프게도 이 사회는 불타는 정의감에 대한 충분한 보호와 보상을 해주지 않는다.

018

퇴근 후 연락은
씹어야 제맛

2000년대 초중반까지만 해도 휴대폰은 강제로 24시간 업무 대기를 하도록 만드는 족쇄였다. 밤이든 낮이든 회사에서 전화가 걸려오면 받아야했고, 심지어는 휴가지에서도 전화를 받아야 했다. 필자는 신혼여행을 떠나서도 업무 전화를 받았다. 하지만 지금은 그런 세상이 아니다. 퇴근은 곧 업무 종료를 의미한다. 회사를 나서는 순간 신입사원 홍길동은 그냥 홍길동이 된다.

퇴근=업무 종료

출근해서 일할 땐 직장인이지만 퇴근하면 한 명의 개인으로 돌아간다. 매우 간단한 원칙이다. 옛 문화에 젖어 있는 상사가 퇴근 후에 전화한다면 마음 같아서는 전화를 받아 "퇴근했는데 왜 전화하세요!"라고 쏘아붙이고 싶겠지만 참자. 뭘 몰라서 그러는 거니까. 아니면 정말 급한 일이 생겨 전화를 한 것일 수도 있다.

퇴근한 직원에게 전화하는 것은 대단한 실례다. 그런데 이런 당연한 것을 잘 모르는 사람이 의외로 많다. 전화를 받는 것은 회사 업무다. 업무 외시간에 일한 것이니 나라에서 정한 법대로 야간근무수당을 지급하거나 다음 날 근무 시간을 조정해주면 불만을 가질 이유가 없다. 문제는 옛날 사람들은 그런 요청을 아주 조금도 이해하지 못한다는 것이다.

모조리 씹어주마

자, 퇴근 후에 회사에서 전화가 온다면 이렇게 하자. 우선 몇 차례는 받고 하라는 대로 일도 처리하자. 그런데 그런 일이 5번쯤 반복되면 그다음 날 아침에 상사와 이야기를 나누도록 하자. 추가 근무로 인정해주거나 다음 날 업무 시간을 조정해달라고 요청하자. 혹시라도 이런 과정에서 상사와 갈등이 생기지는 않을지 걱정된다 해도 퇴근하면 남이니 카톡, 문자, 전화 모두 아작아작 씹어줄 거라고 확실하게 인식시켜야 한다. 아무리 급한 일이라도 모른 척하라. 다음 날 왜 그렇게 연락이 안 되냐고 물어보면 당당하게 이야기하라.

"업무에 관한 일은 퇴근 전에 말씀해주세요."

이렇게 뻔뻔하게 이야기할 수 있어야 한다. 계속 우물쭈물하며 전화도 받고, 업무 처리도 하고, 아무런 목소리를 내지 않으니 얕보고 아무렇지 않게 당신에게 전화를 하는 것이다. '근무 시간에는 일을 잘하는 사람, 퇴근 후에는 찾으면 안 되는 사람'으로 인식되어야 앞으로의 회사생활이 편안할 것이다. 퇴근 후에는 사장님이 전화해도 모조리 씹어버리겠다는 굳은 의지를 가져보도록 하자.

**Common Sense Dictionary
for Rookies**

4

넷째
마당

첫 출근 전에
준비할 것들

019

업무용 추가 번호
준비는 필수!

감독은 중요한 경기를 앞둔 선수들에게 "너희가 지금까지 준비한 모든 것을 쏟아부어라. 너희는 오늘을 위해 많은 땀을 흘렸다. 오늘은 분명 너희가 이긴다"라고 말하며 피가 끓어오르게 한다. 선수들은 괴성을 지르며 파이팅을 외치고 경기장에 입장한다. 첫 출근도 이와 다르지 않다. 그동안 당신은 열심히 공부하고, 열심히 스펙을 쌓고, 열심히 자기소개서를 작성하고, 열심히 면접에 임했다. 그 결과가 지금의 당신인 것이다. 지금부터 능력과 실력을 발휘해 세상을 바꿔나가라!

자, 이 정도로만 응원해드리면 될 것 같다. 이 책은 당신의 피를 끓어오르게 하지 않는다. 직장생활에 정말 필요한 것들을 알려줄 뿐이다. 그런 의미에서 지금부터 첫 출근을 하기 전에 준비할 것들을 일러주도록 하겠다.

본캐와 부캐를 구분하라

일단 업무용 추가 번호를 하나 확보하자. 업무용 휴대폰을 따로 들고 다니는 방법도 있지만, 그러면 사기꾼으로 오해받을 수도 있다. 번호만 살짝 하나 추가해 회사 주소록과 명함에 등록하자. 지금까지 사용해온 번호로는 순수하게 당신의 본캐를 유지하고, 새로운 번호는 직장인으로서의 부캐용이다. eSIM 서비스를 적극 활용하기 바란다.

당신의 진짜 삶은 지금의 번호로 SNS에 올리고, 직장인으로서의 삶은 새로운 번호로 연결된 SNS에 올리자. 친구들과 함께한 사진, 연인과 여행을 다녀온 사진은 본캐 SNS에, 단합대회, 회식 사진 등은 부캐 SNS에 올려 이미지를 관리하는 것이 좋다. 회사 사람들이 내 프로필 사진을 하나하나 확인하는 모습을 상상해보라. 정말 오싹하지 않은가? 안 그럴 것 같지만 그런 사람이 생각보다 많다. 새로운 번호를 준비하지 않으면 회사 사람들이 호시탐탐 당신의 SNS를 들여다보고 "어제 술 많이 마셨어?", "애인이랑 다녀온 거기는 어디야?"와 같이 쓸데없이 당신의 사생활에 참견할 수도 있다.

또 한 가지, 부캐용 번호를 사용하면 나중에 이직했을 때 인간관계를 정리하기에도 좋다. 마음이 잘 통했던 사람에게는 당신의 진짜 번호를 알려주고, 부캐용 번호는 바꾸면 된다.

아마도 당신의 본 모습과 회사에서의 모습이 같지는 않을 것이다. 업무용 추가 번호는 본캐와 부캐를 분리해 다름을 유지할 수 있는 좋은 수단이다. 서비스 비용은 한 달에 5,000원 정도이니 합리적인 가격으로 부캐를 키워볼 수 있다. 참고로 친절하고 자상하게 직장생활 고민을 들어주고 상담해주는 모습은 필자의 부캐다. 그렇다면 본캐는 어떠냐고? 부끄러워서 말하지 못하겠다.

020

이메일 ID,
무심한 듯 시크하게

회사에 입사하면 사내 메신저 또는 이메일 아이디를 만들어야 한다. 이때 자신의 개성을 지나치게 살려 'F**ktheworld@ABC.com', 'iamkiller@ABC.com'과 같이 무시무시하게 만들어서는 안 된다. 욕이나 살벌한 문구를 넣어 굳이 불필요한 오해를 살 필요가 있을까? 무난한 아이디로 '저는 이상한 사람이 아닙니다'라는 것을 보여주는 것이 바람직하다. 유머가 섞인 아이디도 좋고, 있어 보이는 문구도 좋다. 자, 그럼 지금부터 소개하는 4가지 가이드라인에 맞춰 아이디를 만들어보기 바란다.

너무 길거나 짧지 않게

숫자 '1'과 같이 너무 짧게 혹은 'youvegotmail'과 같이 너무 길게 만들면 회사 서버가 당신의 이메일 주소를 스팸으로 인식할지도 모른다. 우리 회사 서버에서는 괜찮아도 상대방의 서버에서는 인식하지 못할 가능성도 있다. 아이디는 대략 4~10자 정도로 하는 것이 좋다. 대부분의 사람은 7자 ±1자까지는 잘 기억한다고 하니 8자 정도가 적합할 듯하다. 참, 아이디가

너무 길면 누군가에게 전화로 아이디를 불러줄 때 힘겨우니 이 점도 염두에
두기 바란다.

그냥 번호 조합은 NO!

'1004', '01012345678'과 같은 숫자의 조합은 상대방이 당신의 아이
디를 기억하는 데 고통을 준다. 게다가 스팸메일 아이디로 인식될 수도 있
다. 글로벌하게 비즈니스를 해야 하는 경우도 있는데 상대방에게 '1004'는
우리처럼 '천사'로 읽히지 않는다. 그저 one-zero-zero-four일 뿐이다.
'SM5678'과 같이 의미를 유추하기 힘든 조합도 피하는 것이 좋다.

한국 이름을 영어로 옮기는 것은 비추천!

불행인지 다행인지 한글은 세상 모든 소리와 발음을 거의 정확하게 표
현할 수 있다. 특히 로마자 표기법이 따로 있어 이름을 영어로 옮길 수 있다.
한국 이름 '소은영'을 영어로 옮기면 'So-eun-young'이 된다. 참 쉽다. 문제
는 이게 우리에게는 익숙하지만 당신과 글로벌 비즈니스를 하는 외국인들
에게는 쉽지 않다는 것이다.

또한 자신의 이름을 키보드 영문 상태에서 그대로 한글로 친 결과를 아
이디로 정하는 사람도 있다. 예를 들어 우용표라는 이름을 자판 그대로 하
면 'DNDYDVY'가 된다. 이게 이메일 아이디라면 나는 상관없어도 상대방
은 참으로 피곤할 것이다. 아이디를 불러주는 것도 고역일 테고 말이다.

무난하게 하려면 영어 이름+성

필자는 회사에서 'brianwoo'라는 아이디를 사용했다. 영어 이름 'brian' 과 성 'woo'를 조합한 것이다. 개성이라고는 찾아볼 수 없는 밋밋한 아이디였지만 아이디를 가지고 놀리거나 시비를 거는 사람이 없어 좋았다. 필자가 모신 임원 중에 신○○ 상무님이 계셨는데, 그분의 아이디는 바로 'Champshin'이었다. 정말 예술이지 않은가? 한 번 들으면 잊히지 않을 만큼 강렬하면서도 뭔가 있어 보이는 조합이다. 이쯤에서 몇 가지 조합을 추천해보도록 하겠다.

- **이름의 약어와 성 조합:** jd.park / sr.kim / kckim
- **영어 단어와 성 조합:** futurekim / hopepark
- **영어 이름과 성 조합:** brianwoo / peterchoi

아는 척하기 좋은 말들

회사에 입사하면 "아삽으로 해줘", "이거 펜딩이야?", "저녁 식사 어레인지는 된 거야?"처럼 생소한 언어를 듣게 될 것이다. 이런 식의 회사 용어를 '터미놀로지(terminology)'라 한다. 회사들이 공통적으로 사용하는 용어도 있고, 회사마다 다르게 사용하는 용어도 있다. 여기서는 일반적으로 통용되는 회사 용어를 알아보도록 하겠다. 더불어 회의할 때 아는 척하기 좋은 몇 가지 멘트를 소개하도록 하겠다. 처음 입사해 회사 용어를 잘 모르는 상태에서 회의에 참석하면 "아는 게 하나도 없네"라며 비웃음을 살지도 모르는데, 몇 가지 멘트를 미리 알아두면 방패 역할을 톡톡히 할 것이다. 우선 용어부터 알아보자.

알아두면 좋은 회사 용어(a. k. a 급여체)

팔로우 업(Follow up 또는 F/U, F/Up)

업무를 따라가는 것, 즉 업무를 계속 진행시키고 후속 조치를 취하는 것을 말한다. '챙겨본다'라는 뜻이라 생각하면 된다.

- **예문:** "그 건은 김 대리가 팔로우 업해봐요."
- **해석:** "그 건은 김 대리가 좀 챙겨보세요."

어레인지(Arrange)

'사전 준비'를 말한다. 저녁 식사 어레인지는 저녁 식사 예약을, 미팅 어레인지는 회의 준비를 의미한다.

- **예문:** "테디, 미팅 어레인지는 다 되었나요?"
- **해석:** "테디, 회의 제반 준비는 다 되었나요?"

아삽(ASAP, As Soon As Possible)

'가능한 빨리'라는 뜻이다. 'As Soon As Possible'의 앞 글자를 따 'ASAP'이라 하는데, 아삽(국내파 발음) 또는 에이셉(유학파 발음)으로 발음한다. 지급(urgent), 초지급(super urgent)과 비슷한 의미다.

- **예문:** "그거 아삽으로 부탁해요."
- **해석:** "그거 최대한 빨리 부탁해요."

펜딩 이슈(Pending issue)

'당면 과제' 정도로 해석할 수 있다. 지금 당장 눈앞에 보이는 문제를 말한다.

- **예문:** "이거 펜딩이니까 팔로우 업 제대로 해야 해요."
- **해석:** "이거 당면 과제이니 제대로 챙겨야 해요."

PM(프로젝트 매니저, Product Manager)

개별 프로젝트의 책임자를 가리킨다(PM에 이미 프로젝트라는 말이 들어가 있음에도 습관적으로 프로젝트 PM이라 하는 경우도 있다).

- **예문**: "이번 프로젝트 PM이 누구죠?"
- **해석**: "이번 프로젝트 담당 매니저가 누구죠?"

CC(참조, Carbon Copy)

이메일을 보낼 때 수신자와 참조자가 있는데, CC는 참조자를 가리킨다. 즉, 수신자와 함께 이메일을 받는 사람이다. CC는 직접 당사자가 아닌 부서 관련자인 경우가 많다. CC라는 말은 옛날 옛적 타자기로 문서를 작성했을 때 중간에 먹지를 끼워 넣어 복사본을 만들었던 것에서 유래했다.

- **예문**: "그 자료 나도 CC로 넣어줘요."
- **해석**: "그 자료 보낼 때 나도 참조로 넣어줘요."

BCC(숨은 참조, Blind Carbon Copy)

숨은 참조는 이메일을 수신하는 참조자인데 송신자를 제외한 사람은 그가 이메일을 받는지 모르게 하는 것을 말한다. 즉, 이메일을 참조로 받으면서(CC) 동시에 참조라는 것을 다른 사람이 모르게(blind) 하는 것이다.

FYI(참조요, For Your Information)

'참조하세요'의 줄임말이다. 매너 좋은 관리자 또는 신입사원은 이메일을 보내거나 공유할 자료가 있을 때 메일 본문에 [참조 바랍니다], [참고 부탁드립니다]와 같이 표기하고, 권위의식에 쩔어 있는 매너 없는 부서장은

[참조요]라고 써서 보낸다. '참조요'에서 마지막 글자 '요'는 '필요하다' 할 때의 '要'를 사용한다.

알아두면 좋은 몇 가지 멘트

이번에는 아는 것도 별로 없고 이해가 되지 않는 상황에서 뭐라도 한마디 던져야 할 것 같을 때 사용할 만한 멘트를 소개하도록 하겠다. 단, 입사하고 첫 회의에서만 사용하기 바란다. 중복 사용은 불가하다. "너 할 줄 아는 말이 그것밖에 없어?" 하고 공격이 들어올지도 모르기 때문이다.

멘트 1. 마지막 부분만 다시 설명 부탁드립니다.

회의 때 이런저런 이야기가 오가는 와중에 '내가 지금 아무 말도 하지 않고 있지만 사실은 다 알아듣고 있어'라는 인상을 남길 수 있는 멘트다. 마지막 부분만 다시 설명해달라는 것은 앞의 이야기는 다 알아들었다는 것을 의미하기 때문이다.

멘트 2. BEP에 어떤 영향이 있을까요?

BEP는 손익분기점(Break Even Point)을 의미한다. 기업의 모든 활동은 크든 작든 결국 이익을 위한 것이니 BEP는 모든 회의에서 중요하게 생각해야 할 포인트라 할 수 있다. 만약 신입사원이 당돌하게 BEP에 대해 물으면 '뭘 좀 아는 친구네'라는 인상을 심어줄 수 있다.

022

아날로그 감성이 묻은 수첩을 준비하라

요즘은 수첩을 사용하는 사람을 찾아보기 힘들다. 스마트폰을 비롯해 각종 기기의 애플리케이션을 통해 일정 관리, 프로젝트 관리 등을 할 수 있기 때문이다. 직장생활을 윤택하게 만들어주는 여러 가지 소프트웨어와 하드웨어가 경쟁하듯 나오고 있다. 말을 하면 텍스트로 바꿔주는 네이버 클로바 서비스도 있으니 더 이상 수첩에 메모할 필요가 없다. 하지만 그럼에도 종이 수첩은 직장인들이 기본적으로 가지고 있어야 하는 아이템이다. 휴대폰의 등장으로 시간을 정확하게 확인할 수 있어도 사람들이 여전히 손목에 시계를 차고 다니는 이유와 같다. 자, 첫 출근을 할 때 설레는 마음으로 수첩도 준비해보자.

액세서리 기능

수첩의 메모 기능, 일정 관리 기능은 이미 휴대폰이 대신하고 있다. 하지만 액세서리로써의 기능은 아직까지 유효하다. 맨손에 휴대폰만 들고 다니는 것보다는 수첩과 휴대폰을 함께 들고 다니는 것이 조금 더 '있어' 보인다.

수첩은 회의에 참석할 때도 유용하다. 노트북이나 태블릿만 들고 참석하기보다는 수첩을 곁들이는 게 시각적으로 좀 더 '있어' 보인다. 열심히 노트북 자판을 두드려가며 회의 내용을 정리하는 것이 효율성 측면에서 가장 좋은 것은 사실이나 수첩에 메모를 해가며 자판을 두드린다면 회의에 적극적으로 참여한다는 인상을 심어줄 수 있다.

리스펙트 기능

누군가와 대화를 하는데 상대방이 휴대폰만 보면서 성의 없게 대답한다면 기분이 좋을 리 없다. 직장에서 업무 관련 이야기를 할 때도 마찬가지다. 나는 열심히 상대방의 이야기를 들으며 휴대폰에 메모를 하고 있는데 상대방은 내가 딴짓을 하며 이야기를 건성으로 듣는다고 오해할 수도 있다. 아직까지는 비주얼이 중요한 사회가 아닌가. 수첩은 액세서리 기능에 더해 리스펙트 기능도 제공한다. 회의 때 메모를 하면 '회의에 집중하는 비주얼'이 가능하고, 대화를 하는 동안 메모를 하면 '내 이야기를 중요하게 생각하는구나' 하는 비주얼 제공이 가능하다. 업무 미팅을 하다 "잠시만요. 여기서부터는 메모 좀 하겠습니다"라고 말하면 상대방은 매우 흡족해한다. '내 말이 메모할 정도인가?'라는 생각에 내심 기분이 좋아진다. 비용 지출 없이 상대방에게 만족감을 주는 방법이라 할 수 있다.

그렇다면 어떤 수첩을 사용하는 것이 좋을까? 많은 회사가 연말이면 회사 로고가 박힌 업무용 수첩을 나눠준다. 굳이 돈을 들이지 않아도 된다. 혹시 회사에서 수첩을 받지 못했다면 소책자 정도 크기의 수첩을 하나 장만

하기 바란다. 필자는 그간 다양한 수첩을 사용해봤는데, 너무 큰 시스템 다이어리는 두껍기만 하고 효용성이 떨어졌다. CEO 사이즈라고도 하는 작고 얇은 수첩은 휴대가 간편하긴 하나 날짜와 일정 정도만 적을 수 있어 사회초년생에게는 적합하지 않다. 이 책 사이즈에 두께는 절반 정도인 수첩이 적당하다. 표지는 무채색이나 단색으로 크게 튀지 않는 것을 선택하는 것이 좋다. 애니메이션 주인공이나 귀여운 캐릭터가 그려진 표지도 나쁘지는 않지만 '혹시 오타쿠?'라는 인상을 심어줄 수도 있다.

**Common Sense Dictionary
for Rookies**

5

다섯째 마당

사회생활을 위한 기초 매너

023

당신을 더욱 돋보이게 해줄 드레스코드 & TPO

출근할 때 옷을 어떻게 입어야 하는지 정해놓은 회사가 의외로 많다. 이를 '드레스코드'라 하는데, 어떤 회사에서는 정장을 입어야 하고 또 어떤 회사에서는 자기가 입고 싶은 대로 입어도 된다. 드레스코드에 대해 미리 알아두라는 의미에서 설명을 준비해보았다.

드레스코드 구분

정장(수트)

흔히 '양복'이라고 말한다. 남성의 경우 넥타이를 매고 셔츠 위에 재킷을 입는다. 여성은 상의는 재킷, 하의는 치마 또는 바지를 입는다. 어떤 색의 재킷, 셔츠를 입어야 하는지는 딱히 제한이 없다. 원하는 색을 깔맞춤(?)해 입으면 된다. 절대 허용이 안 되는 것이 있는데, 바로 흰색 양말이다. 다름과 틀림을 구분해 말씀드리면, 정장에 흰색 양말은 '틀린 것'이다. 굳이 흰색 양말을 신어야겠다면 위아래를 흰색으로 맞추면 된다. 남성들이여, 정장에 흰색 양말은 절대 안 된다. 다만 정장에 운동화나 스니커즈를 신는 경우에는 눈감아 줄 수 있다.

비즈니스 캐주얼

정장에 비해 한결 자유로운 차림을 말한다. 넥타이를 매지 않은 셔츠와 면바지 조합이 그 예다. 정장을 입을 때는 검정색이나 갈색 계열 구두를 주로 신는데, 비즈니스 캐주얼 차림에는 색상을 자유롭게 선택할 수 있다. 청바지도 비즈니스 캐주얼이라 할 수 있는지는 필자도 잘 모르겠다. 탕수육을 먹을 때 소스를 부어 먹어야 하는지 찍어 먹어야 하는지와 마찬가지로 답이 정해져 있지 않다. 청바지 허용 여부는 각 회사 사장님들이 결정한다고 보면 된다.

캐주얼

완전 자유로운 복장을 말한다. 뭐든 입기만 하면 된다. 필자가 잠시 이용했던 공유오피스에서 IT 개발자들이 반바지에 슬리퍼를 신고 근무하는 모습을 자주 보았다. 상관없다. 캐주얼이니까.

TPO, 상황에 맞게 옷 입기

TPO라는 것이 있다. Time(시간), Place(장소), Occasion(상황)에 맞게 옷을 입는 것을 말한다. 사회생활을 하면 상황에 맞게 옷을 입어야 하는 경우가 많은데, 대표적인 곳이 장례식장과 결혼식장이다. 앞으로 하객으로 결혼식장에 갈 일이 많을 텐데, 청바지를 입고 가는 것은 개성 측면에서는 나쁠 것 없지만 TPO 관점에서는 적절하지 않을 수 있다. TPO에 대해서는 크게 2가지만 알고 있으면 된다. 첫째, 장례식장에 갈 때는 검정색 계열의 옷을 입어야 한다. 둘째, 결혼식장에 갈 때는 흰색 옷을 입어서는 안 된다. 결혼식장에 갈 때 왜 흰색 옷을 입으면 안 되냐고? 신부의 흰색 드레스와 색깔이 겹치면 주인공이 누구인지 혼동을 줄 수 있기 때문이다. 미운 사람의 결혼식에 억지로 참석해야 하는 경우라면 흰색 정장이나 드레스를 입어도 되지만 그렇지 않다면 흰색은 피하는 것이 좋다.

어떻게 옷을 입어야 할지 잘 모르겠다면 드레스코드를 직접 확인해보기 바란다. 점심시간쯤에 그 회사 근처에 가보면 사람들이 어떻게 옷을 입고 다니는지 대충 파악할 수 있다. 처음 한 달 정도는 회사 사람들에게 자연스럽게 스며들 수 있도록 그들과 비슷한 옷을 입고, 조금씩 당신의 개성을 표현할 수 있는 옷을 입도록 하자.

회사생활을 미리 경험해본 선배로서 이야기하자면, 필수는 아니지만 등산복도 미리 준비해두는 게 좋다. 사장님들과 상무님들은 왜 그렇게 등산을 좋아하는지 모르겠다. 옛날 스타일의 경영진을 만나게 된다면 단합대회로 등산을 하고 하산해 막걸리를 마시는 코스를 자주 경험하게 될 것이다.

024

반드시 알아두어야 할 명함 예절

처음 자신의 이름이 적힌 명함을 받으면 진짜 직장인이 되었다는 생각에 가슴이 벅차다. 이 명함을 얻기 위해 그동안 노력했던 것을 생각하면 가슴이 웅장해지기까지 한다. 이번에는 명함에 대해 이야기해볼까 한다.

동양과 서양은 명함을 대하는 태도가 조금 다르다. 체면과 예절을 중시하는 동양에서는 '내가 명함이고, 명함이 곧 나다'라는 인식이 있다. 그렇기에 누군가가 내 이름이 적힌 명함을 함부로 다루면 모욕감을 느낀다. 반면 서양에서 명함은 그저 '이름과 연락처가 적힌 쪽지' 정도로 인식된다.

우리나라에는 명함 예절이 따로 있다. 알면 아무것도 아닌데 모르면 상대방에게 큰 실례가 될 수도 있는 몇 가지 명함 예절을 알아보도록 하자.

명함 주고받는 순서

명함을 주고받는 순서는 특별히 법으로 정해져 있지는 않다. 하지만 동양식 문화에 적합한 일반적인 상식을 알아둘 필요가 있다. 우선 명함은 자기소개를 하는 사람이 먼저 건넨다. 이때는 상대방이 텍스트를 읽기 좋게 상대방 쪽으로 명함을 돌려 두 손으로 건넨다. 받을 때에는 두 손으로 명함 아랫부분을 잡으며 받으면 된다. 서양에서는 두 손 이런 거 없다. 그냥 던지 듯 주고받으면 끝이다. 최근에는 동양과 서양 문화가 섞이고 서로에 대한 학습이 이루어지면서 외국인들이 두 손으로 공손하게 명함을 받는 경우가 많아졌다. 카지노에서 카트를 나눠주듯 휙휙 던지는 동양인도 많아졌고 말 이다.

최악의 명함 매너

명함이 엉덩이에서 나오는 것

대부분의 사람은 명함지갑이나 수첩에서 명함을 꺼내지만 종종 지갑에 서 주섬주섬 어렵게 찾아 건네는 사람도 있다. 명함을 지갑에 두는 것은 큰 문제가 아니지만 문제는 엉덩이의 굴곡에 따라 지갑이 휘어져 있다는 것, 그 휘어짐이 명함에도 영향을 미친다는 것이다. 그런 명함은 받기도, 안 받 기도 난감하다. 명함 끝으로 전해지는 상대방의 체온은 상상하기도 싫다. 게다가 명함이 지갑에 빽빽하게 끼워져 있으면 명함끼리 닿아 색이 번지기 도 하고 글자가 닳기도 한다. 명함은 명함지갑에서 빳빳하게 빠져나올 때가 가장 아름답다.

명함을 받자마자 지갑이나 뒷주머니에 넣는 것

명함을 주고받았다면 최소한 명함을 살펴보는 시늉이라도 해야 한다. 그리고 "○○부서에서 일하시는 군요", "이메일 주소가 굉장히 센스 있네 요"와 같이 말하는 것이 매너다. 명함을 받자마자 기계적으로 수첩이나 지갑에 넣으면 상대방은 무시 받았다는 생각에 기분이 상할 수도 있다.

상대방의 명함 뒤에 메모하는 것

명함에 메모하는 것은 나쁜 습관이 아니다. 특히 사람을 많이 상대하는 직업을 가졌다면 명함 뒷면에 그 사람의 특징(키, 말 속도, 버릇 등)을 적어두는 것이 좋다. 그러면 그 사람을 더욱 쉽게 기억할 수 있다. 하지만 그런 메모를 상대방의 면전에서 하는 것은 큰 실례다. 메모는 나중에 몰래 하도록 하자.

명함으로 친해지기

처음 만났을 때의 서먹함을 부드럽게 만드는 과정을 아이스 브레이킹(Ice breaking)이라 한다. 명함은 아이스 브레이킹의 좋은 도구가 될 수 있다. 명함 디자인에 대해 이야기하거나 외국인인데 이름이 발음하기 힘들다면 어떻게 발음해야 하는지 물어볼 수도 있다. 자연스럽게 대화를 나누다보면 처음의 서먹함이 조금씩 사라지게 된다. 단, 다시는 안 볼 사이라면 몰라도 이름을 가지고 놀려서는 안 된다. 이는 동서양 모두 마찬가지다.

장례식장 애도 Flow

사회생활을 하다보면 종종 장례식장에 갈 일이 생긴다. 사내 게시판이나 문자 메시지를 통해 '부고 ○○○ 과장 모친상', '부고 ○○대학교 ○○학번 홍길동 원우 빙모상'과 같은 부고를 받게 될 것이다(빙모는 다른 사람의 장모님을 점잖게 가리키는 말이다). 자, 장례식장에 갈 때 어떻게 해야 가정교육을 잘 받은 사람이 될 수 있을까? 처음부터 끝까지 훑어보도록 하자. 부서장이나 동료들과 장례식장에 가게 되었을 때 개념 없다는 소리를 듣고 싶지 않다면 반드시 잘 알아두기 바란다.

되도록이면 검정색 계열의 옷을 입어라

과거에는 장례식장에 갈 때 흰색 한복을 입는 것이 예의였다. 그게 드레스코드였다. 그러다 현대에 이르면서 검정색 옷을 입는 풍습이 자리 잡았다. 전통을 따르겠다고 괜히 위아래 흰색으로 입고 가면 장례식장의 모든 사람이 당황할 수 있다.

남성과 여성 모두 검정색 계열의 옷을 입는 것이 기본적인 예의다. 팝 아티스트 낸시랭이 장례식장에 오렌지색 상의와 흰색 하의를 입고 가 구설수에 오른 적이 있다. 뭐, 예술가이니 그러려니 할 수 있다. 하지만 직장인은? 생각하기도 싫은 결과를 맞이할 수도 있다.

물론 예외는 있다. 밝고 화사한 복장으로 출근했는데 그날 갑자기 직장 동료의 부모님이 돌아가셔서 저녁에 다함께 조문을 가게 되었다면 그때는 용서가 된다. 자연스럽게 묻어갈 수 있기 때문이다. 그래도 센스를 발휘하고 싶다면 검정색 재킷 하나쯤은 사무실에 항상 준비해두는 것이 좋다.

기억하자. 조문 순서!

본격적으로 조문 순서를 알아보자. 방명록 작성, 분향 또는 헌화, 재배, 조문, 부의금 전달, 식사, 이렇게 6단계를 거쳐야 한다. 그런데 요즘은 방명록을 작성하면서 부의금을 전달하는 추세다. 그리고 식사는 옵션이다. 조문객이 많을 때는 식사는 생략해도 좋다. 혹시 식사를 하게 된다면 "여기 육개장 맛이 좋네요", "건배하시죠"와 같이 눈치도 없고 센스도 없는 말을 내뱉지 않길 바란다.

우선 방명록 작성은 '제가 다녀갑니다'라고 인증하는 절차라고 생각하면 된다. 'OO회사 OO부', 'OO학교 OO학과 일동' 정도로만 적어도 충분하다. 상주 또는 고인과 개인적인 인연이 있는 경우라면 자신의 이름을 적으면 된다.

여기까지는 쉽다. 지금부터가 어려우니 잘 따라오기 바란다. 방명록 작성이 끝나면 분향 또는 헌화를 해야 한다. 종교에 따라 분향 또는 헌화 방식이 다른데 불교식 장례라면 분향을, 기독교나 천주교식 장례라면 헌화를 하는 것이 일반적이다. 무교인 경우라면? 헌화가 무난하다. 물론 장례식장은 모든 조문객이 자신의 종교에 맞게 조문할 수 있도록 향과 국화꽃을 준비해 둔다. 조문객이 두 사람 이상인 단체라면 한 사람이 대표로 분향 또는 헌화를 하면 된다.

분향하는 방법

1. 몸을 숙여 오른손을 왼손으로 받치고 준비된 향에 불을 붙인다.
2. 향을 좌우로 흔들어 불꽃을 끄고 향로에 꽂는다.
3. 한 걸음 뒤로 물러나 절을 두 번 한다. 그리고 다시 반절을 한다.
4. 상주에게 조문한다.

헌화하는 방법

1. 준비된 국화꽃을 봉오리가 영정 쪽을 향하도록 해 영정 앞에 내려놓는다.
2. 고개를 15도 숙이고 잠시 묵념한다.
3. 상주에게 조문한다.

조문은 상주에게 위로의 말을 전하는 단계다. 그런데 이때 실수를 하는 사람이 많다. 가장 좋은 조문은 침묵이다. 상주와 그 가족들에게 큰절과 반절을 한 뒤 아무 말도 하지 않고 자리에서 물러나는 것이 좋다. '그 어떤 말로도 위로받으실 수 없음을 잘 압니다'라는 매우 고급스러운 마음 표현 방법이다. 만약 아무 말도 하지 않는 것이 너무나 어색하다면 상주에게 "얼마나 상심이 크십니까", "얼마나 슬프십니까" 정도만 이야기하고 물러나기 바란다. 여기까지만 하면 조문객으로서 무난하게 조의를 표했다고 할 수 있다.

이런 행동은 절대 NO!

일단 기본적인 'Not do to list'를 살펴보자.

장례식장에서 하면 안 되는 행동

1. 오랜만에 상주를 만났다고 근황을 묻는 것. "요즘 잘 지내?", "응, 지금 장례 치르고 있어." 이상한 대화. 절대 하지 말자.
2. 고인의 사망 원인에 대해 자세히 묻는 것. "어쩌다가 이렇게 되셨나요?"라는 질문은 상주, 유족에게 아픈 기억을 다시 떠올리게 한다. 상주가 먼저 이야기를 꺼내는 것은 상관없지만 조문객이 먼저 이야기를 꺼내서는 안 된다.
3. 호상이라고 말하는 것. 호상은 '적절하게 잘 돌아가셨다'라는 뜻이다. 실제로 호상이라 하더라도 유족에게는 가족을 잃은 가슴 아픈 일이다.
4. 식사를 하면서 웃고 떠드는 것. 장례식장에선 제발 그러지 말자.
5. 건배하는 것. 건배는 즐거운 장소에서만 해야 한다.

스마트폰의 등장으로 여기에 추가할 것이 하나 더 있는데, 바로 '인증샷'을 찍는 것이다. 함께 장례식장에 참석한 동료들과 인증샷을 찍고 SNS에 올린다거나 장례식장에 왔다는 것 자체를 SNS에 올리는 것은 고인에 대한 대단한 실례다. 다른 사람의 죽음을 당신의 '좋아요'를 위해 활용(?)하면 절대 안 된다.

종종 철없는 중고생들이 응급실에서 생사를 오가는 가족의 모습을 찍어 SNS에 올리거나 장례식장에서 V자를 그리며 셀카를 찍는데, 아직 어리니 그러려니 할 수 있다. (물론 절대로 해선 안 되는 행동이다.) 하지만 사회인은 절대로 그래선 안 된다.

부서장이 우연찮게 당신의 SNS에서 '오늘은 개슬픈 날. 여기는 우리 할아버지 장례식장ㅠㅠ'이라는 글과 사진을 보게 된다면 어떻게 생각할까? (거기에 '좋아요'를 누른 친구들과 동료들이 있다면 더욱 가관일 것이다.) 업무능력은 둘째 치고 가정교육 수준을 의심할지도 모른다.

장례식장 Q&A

조의금 봉투 쓰는 방법

봉투의 앞면에 '賻儀(부의)', '謹弔(근조)', '追悼(추도)' 등을 적고, 뒷면 왼쪽 하단부에 자신의 이름을 적는다. 소속이 있다면 뒷면 우측에 소속을 적고 좌측에 이름을 적으면 된다. 이때 금액을 따로 적지는 않는다. 그리고 봉투 입구를 풀이나 테이프로 붙이지 않는다. 요즘에는 장례식장 입구에 부의, 근조 등의 문구가 인쇄된 봉투가 준비되어 있으니 직접 쓰기 어렵다면 그것을 사용하면 된다.

절하는 방법

남성의 경우 보통 절을 할 때 왼손이 위로 가게 하지만, 장례식장에서는 그 위치를 바꾸어 오른손이 위로 가게 한다. 여성의 경우에는 왼손이 위로 가게 한다. 그리고 여성은 '새해 복 많이 받으세요' 버전이 아닌 남성처럼 양 무릎이 바닥에 닿도록 하는 남성 버전의 절을 한다.

부고에 쓰이는 가족 호칭

- **남녀 공통:** 부친(父親), 모친(母親). 부친은 아버지, 모친은 어머니다.
- **남성의 경우:** 빙부(聘父), 빙모(聘母). 빙부는 장인, 빙모는 장모다.
- **여성의 경우:** 시부(媤父), 시모(媤母). 시부는 시아버지, 시모는 시어머니다.

회식은 영원한 숙제

회의와 회식의 시작은 너무나도 아름다운 모습이었다. 회의는 모두 모여 서로의 생각을 나누고 더 좋은 의견을 찾는 자리, 회식은 맛있는 음식을 나누어 먹으며 인간적인 유대감을 키우고 회사에서는 하기 어려웠던 이야기를 편안하게 나누는 자리였다. 그런데 어느 순간 회의와 회식이 부서장이 자신의 스트레스를 해소하는 시간, 꼰대 부장님(a.k.a 개저씨)이 집에 가기 싫을 때 사용하는 카드가 되어버렸다. 얼마 전에 TV에서 어처구니없는 뉴스를 보았다. 중년의 한 직장인이 인터뷰를 하며 이렇게 말했다.

"요즘 코로나19 때문에 회식을 하지 못해 아쉬움이 많습니다. 젊은 친구들과 함께하며 유대감을 키우고 싶은데 기회가 없습니다."

필자는 속으로 이렇게 생각했다.

'너희 아저씨들은 젊은 친구들과 친하게 지내고 싶겠지만, 그들의 생각은 다를 걸?'

회식은 업무의 연장, 회식 불참은 조직에 대한 배신?

10여 년 전까지만 해도 회식은 필참, 불참은 곧 배신이었다. 군대스러운 조직 문화가 남아 있을 때의 이야기, 회사에 대한 충성심을 요구하던 시절의 이야기다. 시간이 흘러 MZ세대가 회사에 입사하면서 이러한 강제적인 문화는 점차 사라졌다. 물론 기존의 X세대(1970년대생)도 강압적인 회식 문화에 강한 거부감을 가지고 있었지만 불만을 입 밖으로 꺼내지 않고 속으로 삼켰다. 반면 MZ세대는 속으로 삼키지 않고 당당하게 의견을 제시한다. "왜 회식까지 참석해야 하나요?"라고.

회식이 업무의 연장이라는 말이 통하던 시절이 있었다. 1980년대 후반까지만 해도 고생하는 직원들을 위해 회삿돈으로 고기를 사 먹이며 영양 보충을 시켜주었다. 직원들은 귀한 고기를 사주는 회사에 고마움을 느끼고 충성으로 보답했다.

회식이 업무의 연장이라면, 정말 그 말이 맞다면 야근수당을 지급하면 된다. 모두가 깔끔하게 행복해질 수 있는 방법이다. 그럼 회식은 정말 업무의 연장이 될 수 있다.

지금의 회식 문화는 옛날의 '고기 줄 테니 충성 다오' 버전과 오늘날의 '고기는 됐고 칼퇴할게요' 버전이 양립해 있다. 앞으로 조금씩 최근 버전이 확산되지 않을까? 2040년쯤이면 '회식'이라는 단어가 사라질지도 모른다. 그때까지는 막내 신입사원은 부서장 맞은편에 앉아 삼겹살을 구워야 할 것이고, 대리급은 총무 역할을 하면서 "사장님, 여기 소주 2병 추가요!"를 외쳐야 할 것이다. 물론 야근수당 없이 말이다.

회식의 암묵적 룰, 아무리 힘들어도 정시 출근

그런 날이 있다. 잠을 자고 일어났는데 다른 날보다 유독 몸이 가볍고 세상이 고요하고 평화로운 날! 상쾌한 기분으로 시계를 보니 오전 10시 25분! 그렇다. 지각이다. 늦은 시간까지 회식을 하고 씻지도 못하고 쓰러져 잠을 자다 이런 경험을 해본 적이 있을지도 모르겠다. 그런데 회식의 암묵적인 룰이 있으니, 바로 회식은 어제의 일이라는 것! 지각이나 결근은 용서받을 수 없다. 상사는 간사하게도 뻔히 회식 때문에 지각한 줄 알면서도 "왜 늦었어?"라고 묻는다.

다행히도 요즘엔 떡(?)이 되도록 술을 마시는 분위기가 아니다보니 늦잠 자는 일은 많이 줄었을 것이라 생각한다. 그간 테이블에서 쓴 소주를 마시며 '내가 부서장이 되면 기필코 회식 문화를 바꾸리라' 다짐했던 수많은 선배의 희생이 있었기에 가능한 일이다.

027

전화 예절이 매너를 만든다

지금까지 당신은 전화 예절을 크게 신경 쓰지 않고 살아왔을 것이다. 하지만 이제는 직장인이 되었으니 전화 예절과 고객 전화 응대 방법을 배워야 한다.

전화를 걸 때

상대방이 전화를 받으면 우선 당신의 소속과 이름을 밝혀야 한다. "안녕하세요, ○○부서 ○○○입니다"라고 하는 것이 가장 자연스럽다. 사실 이런 건 필자가 굳이 말하지 않아도 무작정 용건을 들이밀며 "○○건 진행 상황 좀 확인할 수 있습니까?"라고 물어보는 신입사원은 없을 것이다.

하지만 아주 높은 자리에 앉아 계신 분들은 전화를 걸어 자기소개를 건너뛰고 "○○건은 어떻게 되었나?" 하고 단도직입적으로 말한다. 그것도 반말로. 마음 같아서는 나에게 반말을 하는 사람에게 똑같이 반말을 해주고 싶을 것이다. 성질을 조금만 줄이자. 필자는 부서 팀장님의 전화에 감히 "누구십니까?"라고 물어보았다가 내가 누군지도 모르냐며 엄청 혼난 적이 있다.

입사 3일 만에 말이다. 이런 기분 나쁜 전화를 받으면 그냥 '아, 이분은 이래도 되는 사람인가보다' 하고 생각하라. 괜한 일로 스트레스 받을 것 없다.

전화를 받을 때

우선 소속과 이름을 밝힌다. 만약 회사의 공식 인사말이 있다면 그 인사말부터 한다. "최선을 다하겠습니다. 영업부 ○○○입니다" 등등. 주위 과장님이나 팀장님들은 전화를 받을 때 간단하게 "네, ○○○입니다"라고 하는 경우가 많은데, 신입사원은 그래선 안 된다. 직급이 높아져 뒤에 '장' 자가 붙게 될 때까지는 정석대로 하기 바란다.

또 한 가지, 누군가가 전화를 걸어 다짜고짜 "사장 바꿔!"라고 했다고 해서 냉큼 "네, 연결해드리겠습니다"와 같이 처신해서는 안 된다. 최대한 예의 바르게 재량껏 처리하라.

상대방이 전화를 끊은 것을 확인한 뒤 수화기를 내려놓아라

전화를 끊기 전에 갑자기 생각난 것이 있어 이야기하려고 하는데 부하직원이 이미 수화기를 내려놓은 상태면 다시 전화를 해야 하는 번거로움이 발생한다. 이를 예민하게 받아들이는 상사가 은근히 많다. 그냥 다시 전화를 하면 되는데 말이다.

수화기는 최대한 조용하게 내려놓아라

스마트폰은 종료 버튼을 누르는 소리가 상대방에게 들리지 않지만 유선전화기는 '덜커덕' 하며 플라스틱끼리 부딪히는 소리가 귀에 상당히 거슬린다. 그런 소리가 들리면 상대방은 '나에게 불만 있나?'라고 생각할지도 모른다.

회의 중에 휴대폰으로 전화가 온다면?

회의 중이라도 휴대폰을 꺼둘 수 없는 경우가 있다. 이때 매너모드로 해둔다 해도 무음이 아닌 이상 진동 소리가 거슬릴 수밖에 없다. 그럴 때는 전화를 받지 않는 것이 아니라 통화 버튼을 누름과 동시에 "회의 중입니다. 잠시 후에 전화드리겠습니다" 하고 말한 뒤 상대방이 뭐라 대답하기 전에 얼른 전화를 끊어라. 만약 전화를 아예 받지 않는다면 상대방은 당신이 휴가 중인지, 회의 중인지 모르는 상태에서 답답함을 느낄 것이다. 회의를 마친 뒤에 "아까는 회의 중이었습니다" 하면서 다시 통화를 하면 된다.

잘못 걸려온 전화 응대 방법

다짜고짜 처음 들어보는 이름을 대며 전화를 바꿔달라고 말하는 사람이 있다. 그럴 때 "그런 사람 없어요, 몰라요" 하고 전화를 끊지는 않을 것이라 믿는다. 올바른 응대 방법은 다음과 같다.

1. 바꿔달라는 사람의 전화번호를 찾아본다(옆 부서직원이거나 신입사원일 수도 있다).
2. 만약 찾는 사람이 검색되면 "○○○씨는 ○○부서에서 근무 중이고 번호는 1234-5678이니 다음부터는 그리로 전화하시면 됩니다"라고 말한다.
3. 만약 검색되지 않으면 "죄송합니다만, ○○○씨는 번호가 검색되지 않는데, 번호를 다시 한 번 확인해보시겠습니까?"라고 말한다.

모든 전화를 받겠다는 마인드

당신이 신입사원이라면, 팀의 막내라면 이 팀 저 팀 가리지 말고 모든 전화를 기꺼이 받아라. 벨이 3번 울리기 전에 모조리 받아버리겠다는 마음을 가지고 있으면 더욱 사랑받을 수 있다. 메모를 남겨달라는 부탁을 받았을 때는 전화를 받은 시간, 받은 사람, 회신번호 등을 함께 적어두는 것이 좋다. 미묘한 주의 사항이 있다. 상대방이 다시 전화를 하겠다는 것인지, 직접 전화를 해달라고 하는 것인지 확실히 구분해 메모를 남겨야 한다. 다른 건 누락되어도 크게 신경 쓰지 않는데 이상하게 꼭 이 사안으로 시비를 거는 사람이 있다.

압존법이 뭐길래

우리나라 말은 참 어렵다. 네, 네!, 네!!, 넵, 넵!, 넵!! 이 6개가 각각 다른 어감과 느낌을 준다. 여기에 더해 존댓말도 참 어렵다. 커피님이 나오신 게 아님에도 "주문하신 커피 나오셨습니다" 하고 말하는 사람이 있다. 이렇게 문법적으로 엉망인 말을 해야 화를 내지 않는 사람이 있기도 하다. 회사 말도 어려운 점이 있는데, 바로 압존법'이라는 테크닉 때문이다. 문법구조상 주어와 목적어의 계급 차이를 순간적으로 판단해 동사에 적용해야 하는 매우 어려운 테크닉이다.

압존법, 그게 뭐지?

대리님과 대화할 때 "부장님은 퇴근하셨습니다"라고 말하면 아무 문제가 없다. 하지만 반대로 부장님과 대화할 때 "대리님은 퇴근하셨습니다"라고 말하면 부장님이 급발진해 화를 낸다. 부장님이 화를 내는 이유는 간단하다. '대리가 나보다 더 높아?'라고 받아들이기 때문이다. 압존법은 대화 당사자보다 높은 사람이 거론될 때는 존대하고, 낮은 사람이 거론될 때는 낮추는 대화법이다. 이렇게만 설명하면 어려워할 것 같아 예를 들어보도록 하겠다.

사례 A
옳은 표현: "김 대리님, 박 부장님이 잠깐 오라고 하셨습니다."
틀린 표현: "김 대리님, 박 부장님이 잠깐 오시라고 했습니다."

[설명] 부장님이 제일 높으니 듣는 김 대리는 오시는 게 아니라 오라고 하는 것이고, 나보다 김 대리가 높으니 김 대리를 부를 때에는 '김 대리님'이라고 부르는 것이 옳다. 이론상으로는 이렇지만 현실 세계에서는 "김 대리님, 박 부장님이 잠깐 오시라는데요"라는 식으로 지금 당장 내 눈앞의 대상을 높이는 표현을 많이 사용한다.

사례 B
옳은 표현: "부장님, 김 대리 지금 출장 중입니다."
틀린 표현: "부장님, 김 대리님 지금 출장 중이십니다."

[설명] 출장 중인 김 대리는 듣는 부장님보다 낮으니 '김 대리님'이 아닌 '김 대리'이고, '출장 중이신' 것이 아닌 '출장 중'이라고 표현하는 것이 옳다.

두 사례의 미묘한 차이가 느껴지는가? 그렇다. 대리님과 부장님 모두 나보다 높은 사람들이지만 듣는 사람 입장에서 더 높은지 낮은지를 따져봐야한다. 참 사람 피곤하게 만드는 어법이다. 부디 우리나라 말이 영어처럼 온세상을 공평하게 만드는 어법으로 진화했으면 좋겠다. 200년 정도 후에는 그렇게 되지 않을까? 그때까지는 머리로는 틀린 것을 알지만 주문하신 커피님이 나오시는 것이고, 잠시 후 차가 도착하신다고 말할 수밖에 없다.

상대방을 기분 좋게 만드는 대화법

일명 '인싸'는 누군가와 대화를 시작하면 자연스럽게 분위기를 이끌며 이런저런 이야기를 나누는데, '아싸'는 이와 달리 한 번 대화를 나눠보면 다음에는 함께하고 싶지 않다. 회사에서는 인싸든 아싸든 자기 일만 잘하면 된다. 하지만 이왕이면 '저 사람과의 대화는 즐거워'라는 이미지를 심어주는 것이 좋지 않을까? 몇 가지 사례를 들어 인싸와 아싸의 대화법이 어떻게 다른지 살펴보도록 하겠다.

남을 높이는 대화 vs. 남을 낮추는 대화

인싸는 남을 높이는 칭찬성 멘트를 많이 한다. 넷플릭스 인기 드라마였던 〈오징어 게임〉을 예로 들어보자. 이 드라마가 한창 인기 있을 때 이를 화제 삼아 대화를 나누면 인싸는 "정말 너무 재미있더라"라는 식으로 화제가 되는 대상에 칭찬을 오지게(?) 박고 시작한다. 그러면 대화는 "맞아! 다들 연기를 너무 잘해", "게임 장면이 너무 아슬아슬해서 내가 다 긴장되더라"와 같이 이어진다. 그렇다면 아싸는? 누군가가 〈오징어 게임〉 정말 너무 재미

있더라"라고 말하면 "그거 일본 드라마 베낀 거 아냐? '무궁화 꽃이 피었습
니다' 게임도 일본에서 처음 한 거야"와 같이 말해 더 이상 이야기를 꺼낼
수 없게 김을 빼놓는다. 갑자기 평론가가 빙의된 듯 말하면 그 드라마 이야
기를 시작한 사람은 뭐가 되겠는가.

오픈형 질문 vs. 폐쇄형 질문

질문에 대한 답이 여러 개가 될 수 있는 것은 '오픈형 질문', 답이 하나로
정해져 있는 것은 '폐쇄형 질문'이라 한다. '뮤지컬 좋아하십니까?'는 'Yes'
혹은 'No', 둘 중 하나의 대답만을 요구하는 폐쇄형 질문이다. 한 번 대답하
면 계속해서 대화를 이어가기 어렵다. 특히나 대답이 'No'라면 더욱 그렇다.
뮤지컬을 싫어한다는데 무슨 말을 계속하겠는가. '어떤 뮤지컬을 좋아하시
나요?'는 여러 개의 답 중에서 고르는 오픈형 질문이다. 오픈형 질문을 많이
던질수록 상대방은 자신이 존중받고 대접받는 듯한 기분을 느낀다. 칭찬을
하며 오픈형 질문을 던지면 그야말로 환상이다.

감사합니다 vs. 아닙니다

인싸와 아싸는 칭찬을 받을 때의 반응도 조금 다르다. 인싸는 누군가가
칭찬을 하면 "감사합니다"라고 대답하는데, 아싸는 "아닙니다"라고 대답한
다. "감사합니다"라고 말하면 계속해서 대화를 이어가고 싶지만 "아닙니다"
라고 말하면 더 이상 할 말이 없다. 아니라는데 무슨 이야기를 더 하겠는가.
"이번에 정말 수고했어"라고 말하면 인싸는 "감사합니다. 도와주셔서

일이 더 잘된 것 같습니다"라고 대답한다. 비록 도움이 되지 않았어도 말이다. 그럼 "내가 뭘 한 게 있다고. 자네가 수고 많았지"와 같이 대화가 훈훈하게 흘러간다. 그렇다면 아싸는? "아닙니다" 하고 끝! 뭐 더 할 이야기가 없다. 칭찬한 사람도 머쓱해진다. 속으로 '아니라는데 왜 굳이 수고했다고 말했을까' 하고 생각할지도 모른다.

상대방과의 대화가 즐거운지 여부를 판단할 때는 그 사람이 어떤 말을 했느냐가 아니라 내가 얼마나 말을 많이 하도록 했느냐가 기준이 된다. 말을 많이 하게 하는 사람에게 더 호감을 느끼게 된다는 뜻이다. 기억하는가? 입은 하나, 귀는 둘! 말을 많이 하도록 칭찬도 열심히 하고 질문도 오픈형으로 하면 적어도 당신은 대화를 하기 싫은 사람이 되지는 않을 것이다.

**Common Sense Dictionary
for Rookies**

6

여섯째 마당

만국 공통의 업무 매너

비즈니스 씽킹

비즈니스 씽킹 또는 로지컬 씽킹이라는 것이 있다. 직장인에게 요구되는 사고방식이라 할 수 있는데, 이름은 거창하지만 알고 보면 크게 어렵지 않다. 한 번 익히면 영원히 사용할 수 있는 유용한 기술이니 천천히 살펴보도록 하자.

비즈니스 씽킹 & 로지컬 씽킹

굳이 번역하면 비즈니스 씽킹과 로지컬 씽킹은 비즈니스 사고, 논리적 사고라 할 수 있다. 이 둘은 소소한 차이가 있기는 하지만 사고방식 측면에서 크게 다르지 않기에 같은 것이라 봐도 무방하다. 방법은 매우 간단하다. '주장+근거'의 순서로 이야기하면 된다는 것! 무언가를 주장하려면 그에 대한 근거가 있어야 한다는 것이 바로 비즈니스 씽킹과 로지컬 씽킹의 핵심이다. 앞으로 이어질 설명은 어떻게 주장하는가, 어떻게 근거를 제시할 것인가의 방법들이다.

So what(그래서 결론은?: 어떤 주장을 하고 싶은가)

첫 번째 방법은 바로 'So what'에 대한 것이다. '그래서 결론이 뭐야?'에 대한 답이 있어야 한다는 뜻이다. 말은 많이 하는데 결론이 없으면 뭔가 허전할 수밖에 없다. 예를 들어보자. 'A씨는 단 음식을 좋아한다'라는 팩트를 발견하면 그다음을 유추하여 'A씨는 비만이 될 가능성이 높다'라는 결론을 도출할 수 있다. '한국은행에서 기준금리를 높인다'라는 팩트에는 '시중 금리도 높아질 것이고 그에 따라 부동산 가격이 하락할 가능성이 높다'라는 결론을 도출할 수 있다. 이렇게 결론을 도출하여 주장하는 사고방식을 'So what'이라고 표현한다. 이를 도식화하면 다음과 같다.

[팩트] LCD-TV의 판매는 낮아지고 OLED-TV의 판매는 높아진다.
↓
[유추한 결과] 시장의 중심이 옮겨가고 있으니
OLED-TV의 마케팅 활동을 늘려야 한다.

[팩트] 1인 가구가 증가하고 있다.
↓
[유추한 결과] 1인 가구를 위한 소포장 제품을 늘려야 한다.

정리하면, 무언가 관찰하거나 발견한 내용이 있으면 이를 근거로 결론을 낼 수 있어야 한다. 영화에서 탐정이나 형사들이 단서를 보며 퍼즐을 맞추는 것과 비슷하다.

Why so(왜 그런 거야?: 어떤 근거를 가지고 있는가)

앞서 보았던 'So what'이 어떠한 팩트를 가지고 결론을 내는 과정이라면 'Why so'는 내 결론과 주장에 대해 정당한 근거를 제시할 수 있어야 한다는 뜻이다. '앞으로 OLED-TV의 마케팅 활동을 늘려야 합니다'라고 주장하고 싶다면 누군가가 왜 그래야 하는지를 물을 때 LCD-TV의 판매율이 떨어지고 있다거나 OLED-TV의 재료값이 낮아져 더 많은 이익을 볼 수 있다는 그럴 듯한 근거를 제시할 수 있어야 한다. "그냥 느낌적인 느낌이 그래"와 같이 말하며 근거를 제대로 제시하지 못한다면 그 주장은 설득력을 잃을 수밖에 없다. 무언가를 주장하려면 늘 합당한 근거를 제시할 수 있어야 한다.

논리적 사고의 핵심은 'So what'과 'Why so'로 압축된다. 즉, '주장+근거'가 서로 호흡을 잘 맞추어야 한다는 뜻이다. 주장을 하는데 근거가 빈약해서는 안 되며, 근거를 제시하는데 그에 대한 주장이 엉뚱한 결론으로 연결되어서는 안 된다.

MECE(미시): 스며들 듯

굳이 말하거나 설명하지 않더라도 알아서 해야 하는 것이 있으니 바로 MECE다. 이는 'Mutually, Exclusive, Collectively, Exhaustive'의 약자로, 상호, 배타적, 종합적, 포괄적이라는 뜻이다. 즉, 중복과 누락 없이 분석하는 원칙을 가리킨다. 서로 배타적이면서도 부분의 합들이 전체를 이루도록 하는 것이 핵심이다.

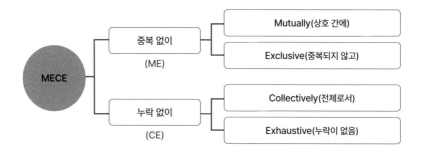

조금 어려운가? 좀 더 쉽게 설명하도록 하겠다. 회사의 구성원을 분석한다고 하면 우선 연령에 따라 나눠볼 수 있다. 그렇게 하면 모든 구성원을 MECE적으로 접근했다고 볼 수 있다. 10대 미만, 10대, 20대, 30대, 40대 이상 등으로 구분하면 서로 겹치지 않으면서 전체를 구분할 수 있는 기준이 된다. 주로 사용되는 사례는 이렇다.

시간: 단기/중기/장기 또는 과거/현재/미래
공간: 내부/외부 또는 근거리, 중거리, 장거리
사업: 수출시장/내수시장

'MECE(미시): 스며들 듯'이라 제목을 붙인 이유가 있다. 너무나도 당연하게 적용되는 원칙이고, 한 번 잘 익히면 자연스럽게 업무에 적용시키기 때문이다. 오히려 MECE 원칙이 적용되지 않은 문서/이메일을 보면 어딘가 부자연스럽다고 느끼게 될 것이다.

대화는 두괄식으로

두괄식, 미괄식, 양괄식은 국어 시간에 배우는 글쓰기 방법이다. 각 방법의 특성과 장단점을 묻는 시험 문제를 본 적이 있을 것이다. 문학작품과 아름다운 영화는 이 3가지 방식이 골고루 섞여 감동을 선사한다. 직장이라는 현실 공간에서는 다행히도 이 3가지 방식 중에서 두괄식만 사용한다. 무조건 두괄식이다. 기승전결과 클라이맥스를 향해 달려가는 숨 막히는 전개는 잊어도 된다.

일단 결론부터!

아름다운 세상에서는 모두가 서로의 이야기를 끝까지 들어주고 공감해 준다. 하지만 난 누구? 여기는 어디? 성격 급한 사람들이 모여 잔뜩 화가 난 상태에서 일을 하는 직장이 아닌가. 서론, 본론 또는 기승전을 들을 마음의 여유가 없다. 일단 결론을 알고 싶어 한다. 결론부터 이야기하자. 대화는 물론이고 보고서도 마찬가지다. 결론부터 들이밀어야 한다. 참고로 보고서, 기획서 등의 문서에는 'Executive Summary'라는 핵심 요약 페이지가 표지 바로 뒤에 들어간다. 성격이 급한 사람은 결론부터 미리 확인하면 된다.

결론을 이야기하고 나면 그다음에 '왜냐하면', '그 이유는'이라는 말이 바로 이어져야 한다. 여기서 눈치가 빠른 분들은 뭔가 데자뷔를 느꼈을 것이다. 그렇다. 앞서 이야기했던 논리적 사고가 여기서도 그대로 적용된다. '주장+근거'와 매우 유사하다.

보고서가 언제 완성되느냐고 묻는 사람은 정말 '언제'가 궁금한 것이다. 이런 상황에서 "제가 어제 야근을 했는데도 완성하지 못했어요"와 같은 대답은 짜증을 유발할 수밖에 없다. 우선은 "내일까지 완성하겠습니다", "이번 주 안에 완성됩니다"와 같이 시점을 말하고, 그다음에 지금 당장 끝내지 못한 타당한 이유를 제시해야 한다. 이게 바로 직장인의 대화법이다.

최대, 최소보다는 10%, 20%로

"최선을 다하겠습니다", "최고의 성과를 만들어내겠습니다", "기업 이미지를 극대화시키겠습니다" 등의 말은 뭔가 노력하겠다는 의미는 알겠는데 어느 정도로 잘하겠다는 것인지는 파악하기 어렵다. 연인끼리는 "날 얼마나 사랑해?", "죽도록 사랑해"와 같이 대화하면 서로 좋아 죽는다. 하지만 이런 대화는 알콩달콩 사랑의 속삭임에만 적합하다. "날 얼마나 사랑해?"라는 물음에 "어제보다 15% 정도 더 사랑하게 된 것 같아"라고 대답하는 건 조금 이상하다. 반면 부서장이 "실적을 어느 정도 향상시킬 계획인가?"라고 물었을 때 "하늘만큼 땅만큼이요"라고 대답할 수는 없다. 잘못하면 주먹이 날아올 수도 있다.

많이, 적게, 최대한, 최소한 등의 표현은 대화나 문서에서 삭제시키도록 하자. 대신 10%, 20%와 같이 구체적인 수치를 곁들이도록 하자. 예를 들어, '브랜드 인지도 극대화'보다는 '전년 대비 브랜드 인지도 10% 향상'이 좀 더 구체적인 느낌이 든다. '우리 제품 가격이 경쟁사보다 조금 높아 경쟁력이 떨어집니다'보다는 '우리 제품 가격이 경쟁사보다 적게는 10%, 많게는 30% 높아 경쟁력이 떨어집니다'가 뭔가 더 자세한 것 같고 설득력이 있다.

문제도 문제가 많다

문제라는 단어는 일상생활에서 많이 사용된다. 문제라는 단어가 들어가는 경우는 다음과 같다.

- 시험 문제(수학 문제 등)
- 당장 닥친 어려운 일
- 해결해야 하는 일 또는 사건
- 답이 주어져 있지 않은 물음
- 정치적 문제

사전을 살펴보면 문제(問題)는 명사로서 ① 해답을 요구하는 물음, ② 논쟁, 논의, 연구 따위의 대상이 되는 것, ③ 해결하기 어렵거나 난처한 대상 또는 그런 일, ④ 귀찮은 일이나 말썽, ⑤ 어떤 사물과 관련되는 일을 의미한다.

문제는 없는 것이 최고로 좋다. 문제가 발생하면 "이거 누구 잘못이야?"로 대표되는 희생양 찾기가 시작되기 때문이다. 한 가지 팁을 드리자면 문제의 불똥이 튀지 않게 하는 가장 좋은 방법은 미리 보고하는 것이다.

문제=Gap

비즈니스에서는 문제를 '바람직한 상태(Should be)'와 '현재 상태(As is)' 간의 '차이(Gap)'로 표현한다. 'Should be'는 기대하는 수준이나 바람직한 수준을, 'As is'는 실제의 모습을 가리킨다. 기대하고 있는 수준과 현재의 수준이 차이가 날 때를 '문제'라고 표현하는 것이다.

예를 들어보자. 우리 공장에 서는 하루에 100개의 제품을 생산할 수 있는데, 어느 날 70개만 생산되었다고 가정하자. 그렇다

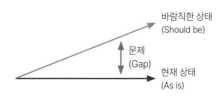

면 하루 100개라는 'Should be' 상태와 오늘 생산량 70개라는 'As is' 상태에서 30개의 차이가 발생한다. 이 30개의 차이가 바로 문제라 할 수 있다. 비단 공장의 생산량뿐 아니라 판매량에서도 'Should be'와 'As is'의 차이가 발생할 수 있고, 스텝 부서인 회계 또는 기획부서에서도 이러한 차이가 문제가 될 수 있다.

3가지 종류의 문제

문제는 목표와 현상의 차이라고 간략하게 설명했다. 문제의 유형은 차이가 발생하는 원인에 따라 크게 발생형 문제, 탐색형 문제, 설정형 문제로 구분된다.

발생형 문제

발생형 문제는 목표를 달성하지 못한 경우를 가리킨다. 이러한 경우에는 그 차이가 어디서 발생했는지 분석할 필요가 있어 '원인분석형'이라 부르기도 한다. 누구의 잘못인지를 따져보는 유형의 문제이기도 하다. 시간 측면에서 문제 발생 시점은 과거다. 즉, 이미 벌어진 일이라는 것이다. 안전사고, 불량품 발생은 물론이고 판매 대금을 제날짜에 받지 못하는 미회수채권도 발생형 문제라 할 수 있다.

발생형 문제는 조직 입장에서, 조직구성원 입장에서 계속해서 조치를 취하기 때문에 점점 줄어드는 것이 일반적이다.

탐색형 문제

탐색형 문제는 현재 상태를 기준으로 목표를 세워놓고 현재 상태와의 차이를 문제로 인식하는 것을 가리킨다. 예를 들어 생산성을 15% 상승시킨다고 했을 때 목표는 '15% 향상된 생산성', 현상은 '현재 수준', 문제(차이)는 '15% 생산성'이 된다. 시간 측면에서 문제 발생 시점은 현재다. 그리고 목표로 제시되는 것들은 현재 상태에서의 개선과 강화가 주를 이루게 된다.

앞서 살펴보았던 발생형 문제는 시간이 지날수록 그 수가 줄어드는데, 탐색형 문제는 반대로 점점 증가한다. 각 조직은 현재 상태에 안주하지 않고 끊임없이 개선과 강화를 실시하기 때문이다. 내 월급도 문제가 많다. 목표 수준과 현재 수준의 차이가 끊임없이 발생하고 있으니까.

설정형 문제

설정형 문제는 앞으로 달성하고자 하는 목표를 설정해놓고 현재와의 차이를 문제로 인식하는 것을 가리킨다. 예를 들어 신시장을 개척한다는 목표를 설정하는 경우, 목표는 '신시장 개척', 현상은 '신시장 미개척'이 되어 그 차이는 '개척 필요'로 인식되는 것이다.

앞서 살펴보았던 발생형 문제는 과거에 이미 벌어진 일을 기준으로 문제를 인식한다면, 설정형 문제의 발생 시점은 미래다. 새로운 사업, 새로운 프로젝트를 실시하는 경우 주로 설정형 문제가 된다.

문제를 정확하게 이해하기 위한 3가지 질문

문제를 정확하게 이해하기 위해서는 가장 먼저 문제가 무엇인지 알아야 하고, 문제 해결의 기본 순서와 스킬을 알고 있어야 한다. 만약 문제를 정확하게 이해하지 못한 상태에서 해결책을 사용했는데 문제가 해결되었다면 그저 운이 좋았기 때문이다. 다음에 문제가 발생했을 때도 운이 해결해줄 수 있을지는 미지수다. 문제를 제대로 해결하기 위해서는 다음 3가지 질문에 정확하게 답할 수 있어야 한다.

1. 바람직한 상태는 얼마나 구체적인가?
2. 현 상황을 정확하게 파악했는가?
3. 갭, 즉 차이는 어디에서 얼마나 발생하고 있는가?

033

자신의 감으로
판단하지 말라

유명한 네덜란드 소년의 이야기를 들려주도록 하겠다.

어느 추운 겨울날 소년은 심부름을 다녀오는 길에 강둑의 조그마한 구멍에서 물이 새어나오는 것을 보았어요. 소년은 '물이 새면 안 되는데'라고 생각하며 흙과 돌을 뭉쳐 구멍을 막고 기다려 보았어요. 하지만 구멍은 결국 터지고 말았죠. 소년은 주먹으로 구멍을 막고 사람들이 오기를 기다렸지만 아무도 오지 않았어요. 소년의 가족은 밤늦도록 소년이 돌아오지 않자 동네 사람들과 찾으러 나섰어요. 그렇게 한참을 찾아 헤매다 강둑 밑에서 얼어붙어 있는 소년을 발견했죠. 소년은 추운 날씨에 온 힘을 다해 강둑의 구멍을 막다 그 자리에서 얼어 죽은 것이었어요.

네덜란드 소년 같은 직원이 오히려 더 위험하다?

자신을 희생해 강둑의 구멍을 막은 네덜란드 소년은 칭찬받아야 할까? 물론 소년의 정신 자체는 참으로 숭고하다. 하지만 직장에서는 그래선 안 된다. 네덜란드 소년 같은 직원이 오히려 더 위험하다. 그 이유가 궁금하다고? 네덜란드 소년의 이야기를 직장인의 관점에서 다시 살펴보자.

매출이 부진한 어느 날, 한 사원은 야근을 하던 중에 제품의 결함을 발견했다. 사원은 '결함이 발생하면 안 되는데' 하고 생각하며 혼자서 해결해보려고 했지만 결국 해결하지 못했다. 사원이 소속된 팀은 문제가 커지고 난 다음에야 혼자서 문제를 해결하려 애쓰고 있는 사원을 발견했다. 사원은 문제거리를 안고 홀로 얼어 있었다.

자, 무엇이 문제일까? 첫째, 스스로 문제를 해결하려 했다는 점, 둘째, 보고 체계를 지키지 않았다는 점이 가장 큰 문제다. 온몸을 던져 문제를 해결하려 애썼는데 수고했다는 말은커녕 비난하는 것은 너무한 것 아니냐고 항변할 수도 있지만 아주 오래오래 비난받아 마땅하다.

첫째, 스스로 문제를 해결하려 했다는 점을 생각해보자. 사원, 대리 정도의 실무자는 의사결정자가 아니다. 다시 말하면 어떠한 문제를 해결하는 위치가 아니라는 뜻이다. 문제가 발생하면 스스로 조치를 취할 것이 아니라 빠르게 보고해야 한다. 물론 문제의 중요도나 크기에 따라 담당자가 처리할 수 있는 수준이 있고 그렇지 못한 수준이 있는데, 이러한 범위를 제대로 파악해 문제가 발생했을 때 즉시 보고해야 하는지, 스스로 조치할 수 있는지를 잘 판단해야 한다. 이상하게 문제는 해결하지 않고 그대로 두면(회사에서는 '뭉갠다'라고 표현한다) 나중에 더 큰 문제로 돌아온다. 그냥 두어서 해결되는 것은 아무것도 없다.

둘째, 보고 체계를 지키지 않았다는 점을 생각해보자. 소년은 동네 사람들에게 현재 상태를 알리지 않았다. 만약 소년이 문제를 발견한 즉시 동네 사람들에게 달려가 상태를 알렸다면 서둘러 강둑을 보수하는 등의 조치를 취했을 것이다. 강둑은 여전히 구멍이 난 상태이고 소년은 얼어 죽었으니 결국 해결된 것은 아무것도 없다.

느낌이 이상하면 상사하게 바로 보고하라

영화나 드라마에서는 앞으로의 사건 전개를 암시하는 '복선'이라는 장치를 사용한다. 앞으로 어떤 일이 발생하더라도 놀라지 말고, 원래 그럴 조짐이 있었다는 것을 강조하기 위함이다. 회사 업무도 마찬가지다. 항상 복선, 즉 사전 경고나 사전 대응이 필요하다. 판매가 부진할 것 같다거나, 생산이 안 될 것 같다거나, 품질에 이상이 생길 것 같다거나 하는 상황에서는 사전 경고를 할 필요가 있다.

고객 입장에서 생각해보자. 제품이 도착하기로 한 날에 '배송 지연' 메시지가 떠 연락해보니 "품질에 이상이 생겨서……"라는 답이 돌아온다면 어떤 기분이 들까? 반대로 고객이 직접 확인하기 전에 회사에서 먼저 연락해 "내일 도착 예정인 제품에 문제가 생겨 엔지니어들이 해결 방안을 찾고 있습니다. 배송이 조금 늦어질 것 같습니다. 죄송합니다"라고 말한다면? 당신이 고객이라면 어느 쪽을 더 신뢰하겠는가?

회사 업무에 있어서도 복선은 매우 중요하다. 어느 날 갑자기 문제가 발생해 팀장에게 달려가 "어떻게 해야 할까요?"라고 물어도 팀장이 신이 아닌 이상 쉽게 해결하지 못할 것이다. 그렇다면 어떻게 해야 할까? 사전에 예상되는 문제를 팀장에게 미리 보고하는 것이 바람직하다. 예를 들어 "A건에 B라는 문제가 예상됩니다. 제 생각으로는 C 또는 D의 방법으로 문제를 해결해야 할 것 같습니다"라고 보고한다면 당신은 즉시 1등 신입사원으로 거듭

날 것이다.

문제가 터진 후에 부랴부랴 원인을 파악하고 책임자를 색출하고 화를 낸 다음에 해결 방안을 찾기보다는 사전 경고, 즉 복선을 깔아주는 것이 필요하다. 팀장도 사람이다. 모든 것을 한 방에 다 해결할 수는 없다. 해결책을 생각해볼 수 있도록 미리 보고해야 한다. 그것이 바로 실무자의 도리다.

034

조직은 해결사를 원한다

영화나 드라마를 보면 조직에서 제거해야 할 사람이 있을 때 어디론가 전화를 한다. 마침 샤워를 마친 근육질의 해결사가 전화를 받은 뒤 묻지도 따지지도 않고 "알겠습니다"라고 짧게 한마디하고 전화를 끊는다. 그리고 입금 내역을 확인한 뒤 신속 정확하게 문제(?)를 해결한다.

'열심히'가 아닌 '잘'하는 사람이 되어라

세상 사람 모두 열심히 산다. 자기 입장에서는 말이다. 학생들은 열심히 공부하고 직장인들은 열심히 일한다. 문제는 그중 일부만 '잘'한다는 것이다. 학교에서 시험을 보면 다들 열심히 공부했지만 성적표에는 다른 점수가 찍힌다. 직장에서도 다들 열심히 일했지만 인사고과 점수는 모두 다르게 찍힌다. '열심히'는 기본이고 '잘'해야 한다. 누가 회사에 입사할 때 '나는 열심히 하지 않을 거야'라고 생각하겠는가. 심정적으로는 잘해서 칭찬받고 인정받고 싶은 마음이 크지만 마음먹은 대로 되지 않으니 답답한 마음이 들고 좌절하게 되는 것이다.

해결사는 문제를 푸는 역할을 한다. 조직에서 실력을 인정받으면 문제가 생길 때마다 계속 해결을 요청할 것이다. 능력자는 어려운 상황에서도 성과를 만들어낸다. 부서 회의에서 "이 프로젝트를 주도적으로 진행해볼 사람이 있는가?"라는 부서장의 말에 고개를 숙이고 눈이 마주치지 않도록 노력할 것인가, 아니면 "제가 해보겠습니다"라고 자신 있게 대답할 것인가. 선택은 당신에게 달려 있다. 프로젝트를 잘 완수하면 부서장에게 "역시 자네밖에 할 수 있는 사람이 없어"라는 말을 듣게 될 것이다.

'안 되는 이유'가 아닌 '될 수 있는 조건'을 말하라

직장에서 일상적인 업무 이외에 새롭고 부담스러운 업무가 주어지면 대부분의 직원은 안 되는 합리적인 이유를 제시한다. 자세하고 논리적인 근거를 대며 "이건 이래서 어렵고, 저건 저래서 어렵습니다"라고 말한다.

업무를 지시하는 입장에서는 그런 이야기를 듣자는 것이 아니다. 안 되는 이유가 아닌, 될 수 있는 조건을 제시해야 한다. '지난해보다 매출을 올려라'라는 지시가 내려왔다고 가정하자. 경제가 어려워서, 경쟁이 심해서 등의 이유를 담은 보고서는 얼마든지 작성할 수 있다. 그런데 그렇게 안 될 이유를 주야장천 늘어놓는다고 해서 목표가 사라질까? 절대 그렇지 않다. 매출을 늘리기 위해 먼저 준비되어야 하는 것들을 정리해야 한다.

어떠한 일을 해결해야 하는 상황이라면 될 수 있는 조건을 제시해 일을 진행시킬 수 있어야 한다. "이래서 어렵습니다"라는 말보다는 "이러면 될 것 같습니다"라는 말을 더 자주 하는 사람이 되길 바란다.

035

정치, 종교, 군대 이야기는 제발 그만!

정치와 종교는 말싸움을 하기에 매우 좋은 주제다. 정치는 보수와 진보, 종교는 기독교, 천주교, 불교 등으로 편이 나뉘기 때문이다. 사실 정치와 종교 이야기를 할 때 기본적으로 깔려 있는 생각은 '너는 틀렸고, 나는 옳다'다. 보수가 보기에 진보는 어떻고, 진보가 보기에 보수는 어떻고 하며 목소리를 높인다. 목사님들이 잘못하면 기독교는 이래서 문제이고, 신부님이 잘못하면 천주교는 이래서 문제이고, 스님이 잘못하면 불교는 이래서 문제라며 열을 올린다. 참으로 서로를 공격하기 좋은 주제 아닌가?

Don't Ask Don't Tell

회사에 입사해 일을 할 정도의 사람이라면 당연히 성인이라고 봐야 한다. 그런데 성인은 웬만해서는 남의 말을 잘 듣지 않는다. 자기 생각이 있고 자기 행동에 책임을 지기 때문에 성인이라고 부르는 것 아니겠는가. 이상하게도 정치와 종교에 있어서는 상대방을 무리하게 설득하려고 하는 사람들이 있다. 특히 선거철에 그런 사람들을 쉽게 찾아볼 수 있다. 한 번 생각해보

자. 누가 대통령이 되느냐가 당신이 다니고 있는 회사에 큰 영향을 미치는 가? 특정 후보가 대통령이 되면 당신의 업무가 한결 가벼워지는가?

매우 특별한 경우, 대통령의 성향이나 예상되는 정책에 민감하게 반응하며 준비해야 하는 회사도 있지만 대부분의 회사는 누가 대통령이 되든 하는 일이 크게 달라지지 않는다. 사장이 바뀌어도 내가 하는 업무는 특별히 달라지지 않는 것처럼 말이다. 그런데 왜 굳이 자신의 정치적인 견해를 강요하며 상대방의 사상의 자유를 침해하는 걸까?

상대방의 정치적인 성향에 대해 옳다 그르다를 논할 필요는 없다. "부장님, 지금 여권이 얼마나 잘못하고 있는지 모르십니까?"라고 말하면 부장님이 "오, 자네 말이 맞군. 지금부터 야권을 지지해야겠어. 자네 덕분이야"라고 말할 것 같은가? 그보다는 "네가 뭘 안다고 그래! 가서 일이나 해"라는 말을 듣게 되지 않을까? 괜한 이야기를 꺼내 사이가 어색해지길 바라는가? 회사 일과 관련이 없는데도 언쟁을 벌인다면 결국은 서로 손해를 보게 될 것이다.

조직폭력배가 나오는 영화를 보면 보스는 가만히 무게를 잡고 앉아 있고, 중간급 행동대장들이 "감히 우리 형님을!"이라고 외치며 기세 좋게 상대방을 향해 주먹을 날리려 한다. 이때 보스는 다시 한 번 무게를 잡으며 손으로 그러지 말라는 신호를 보낸다. 당신이 정치나 종교에서 어느 한쪽을 지지하며 강한 신념을 가지고 있듯 상대방도 그러할 것이다. 의견이 충돌하면 조직폭력배는 말려줄 보스라도 있지만, 당신이 지지하는 정치인이나 종교인은 당신을 직접 말려주지 않는다.

정치나 종교는 대단히 개인적인 생각과 연결되어 있는 사안이다. 따라서 직장에서는 그에 대한 대화는 하지 않는 것이 좋다. 정치나 종교 이야기로 누군가를 이겼다고 치자. 그럼 행복해질까? 일이 수월해질까? 상대방이 내 신념을 받아들이고 생각을 바꿀까? 절대 그렇지 않을 것이다. 마음속으로 당신에게 가운데 손가락을 곧게 펴고 있지 않을까?

군대 이야기? 제발 그만!

'라스베이거스에서 일어난 일은 라스베이거스에 머물러야 한다'라는 말이 있다. 거기서 무슨 일이 있었든 거기서 끝나야 한다는 뜻이다. 마찬가지로 군대에서 있었던 일은 군대에 머무르게 하자. 당신이 특공대였든 취사병이었든 상관없다. 다들 자신이 근무한 부대가 세상에서 제일 힘든 곳이라고 말한다. 당신의 군대 이야기를 겉으로든 속으로든 웃으며 들어줄 사람은 없으니 제발 그만하자.

036

체크, 더블체크, 크로스체크

회사 업무는 사람이 하는 일이다보니 실수가 발생할 수 있다. 따라서 끊임없이 확인하고 또 확인해야 한다. 조금 전까지만 해도 회의에 참석하겠다고 말한 사람이 갑자기 다른 일이 생겼다며 불참하는 경우도 있고, 틀림없이 오늘 안에 일을 처리해주겠다고 말한 부서가 갑자기 일 처리가 지연되었다고 통보하는 경우도 있다. 또한 분명 판매가 가능하니 물건을 생산해달라고 했다가 갑자기 고객이 주문을 취소했으니 물건을 생산하지 말아달라고 요청하는 경우도 있다. 정말이지 돌아버린다!

그래서 중요한 일은 항상 확인에 확인을 거듭해야 한다. 상대방이 자신감 넘치는 목소리로 단호하게 말한다 해도 자신의 눈으로 확인하기 전까지는, 증거를 확보하기 전까지는 상대방의 말을 100% 믿으면 안 된다.

> 당신이 먼저 확인하고 (체크)
> 중간에 다시 한 번 확인하라. (또 체크)
> 상대방과 함께 확인하고 (크로스체크)
> 최종적으로 다시 한 번 확인하라. (더블체크)

일의 진행 상황이나 중요한 사항은 매일 확인해야 한다. 불은 아무리 조심해도 지나침이 없듯, 확인 작업도 아무리 해도 지나침이 없다. 대부분의 사람은 한 번 확인하면 더 이상 확인하려 하지 않는다. 그러면 나중에 변경 사항이 있어도 모르고 있다가 뒤통수를 맞게 된다. 당신이 신입사원답지 않게 확인에 확인을 거듭하면 원활하게 일 처리를 할 수 있을 뿐만 아니라 리더와 동료들에게 업무능력을 인정 받을 수 있을 것이다.

037 당신이 하지 못할 업무는 없다

그 누구도 해본 적 없는 일을 맡게 되면 참으로 난감하다. 참고할 자료도, 물어볼 사람도 없으니 고민만 거듭하면서 일 처리를 미루고 또 미룬다. 마감일이 정해져 있어 마음은 초조한데 TV는 눈에 들어와도 일은 눈에 들어오지 않는다. 그에 대한 결과는 어떨까? 굳이 말하지 않아도 잘 알 것이라 생각한다.

대부분의 업무는 20분만 고민하면 답이 나온다

당신이 기억했으면 하는 것은 겉으로 보기에 어려워 보이는 업무도 막상 해보면 별것 아니라는 것이다. 어떻게 일을 할 것인지 20분 정도 머릿속으로 그려보자. 만약 답이 나오면 그렇게 하면 되고, 그래도 답이 나오지 않으면 상사에게 솔직하게 말하는 것이 좋다. 쉽지는 않겠지만 어쨌든 답을 얻을 수 있을 것이다. 20분 정도 생각했는데 답을 알 수 없는 것은 20일 동안 생각해도 결과가 같다.

또 한 가지 기억할 것은 대부분의 업무는 20분 정도의 고민으로 해결할 수 있다는 것이다. 틀림없는 사실이다. 나를 믿어도 좋다. 글을 써서 출판하는 것! 막상 필자가 해보니 별것 아니었다.

당신이 하는 일은 언젠가, 누군가가 해본 일이다

대부분의 회사 업무는 당신이 처음 하는 일이 아니다. 이 얼마나 위안이 되는 말인가. 어떠한 업무를 지시받아도 긴장할 것 없다. 고개를 살짝 들어서 사람들을 한 번 훑어보아라. 대리 또는 과장 중에서 똘똘해 보이면서도 만만해 보이는 사람이 눈에 들어올 것이다. 만약 그 사람이 성격까지 좋다면 당신은 행운아다. 그 사람에게로 다가가 "제가 이런 업무를 지시받았는데 어떻게 해야 하는지 잘 모르겠어요. 좀 도와주시겠어요?"라고 말하라. 그 사람에게서 답을 얻거나 "이 일은 김 과장님이 처리하신 적이 있어요"와 같은 정보를 얻을 수 있을 것이다.

당신이 다니는 회사는 하루 이틀 운영되고 있는 곳이 아니다. 그리고 당신이 하고 있는 일은 당신이 아니면 안 되는 일이 아니다. 당신에게 일을 지시한 상사는 매우 바쁘기 때문에 일을 시킨 것이지 무언가 새로운 업무를 구상하라고 일을 시킨 것이 아니다. 그러니 긴장하지 말고 당신에게 주어진 일을 전에 누가 해보았는지 알아보고 도움을 요청하도록 하라.

거절 아닌 척
거절하는 기술

　회사 업무를 하다보면 상대방의 요청을 거절해야 하는 경우가 있다. 무조건 가격을 낮추어달라고 요구하는 고객도 있고, 제품 생산을 늘릴 수 없는 상황인데도 추가 주문을 하겠다고 하는 고객도 있다. 내부적으로는 공장에 자재가 남아 제품을 만들 테니 영업부서가 무조건 팔아달라고 요청하는 경우도 있다. 당신의 심장이 차가운 무쇠로 만들어졌다면 그 자리에서 바로 "No!"를 외칠 수 있겠지만, 그렇지 못한 사람들은 참으로 난감할 수밖에 없다.

　그럴 땐 상대방의 마음을 상하게 하지 않으면서 거절을 해야 하는데, 가장 좋은 방법은 반대 제안(Counter Proposal)을 하는 것이다. 즉, 안 된다고 하기보다는 이러저러한 것은 어떠냐고 제안을 하는 것이다. 이렇게 반대 제안을 하면 포기에 대한 의사결정을 상대방에게 넘겨 자발적인 포기를 유도할 수 있고, 더불어 상대방을 위해 열심히 고민했다는 인상을 심어줄 수 있다. 상대방이 무언가를 제안했는데 단호하게 "안 됩니다", "싫습니다"라고 대답한다면 함께 일하기 싫다는 것으로 비춰질 수도 있다. 그러니 반대 제안을 하며 유연하게 대처하기 바란다.

　만약 정말 안 되는 경우라면, 상대방 앞에서 이것저것 확인하며 최대한 상대방을 위해 노력하고 있는 모습을 보여주어라. 상대방 앞에서 관련 부서에 전화도 해보고, 자료도 찾아보고, 이것저것 검색하며 방법을 찾아보려는 연극(?)을 해도 좋다. 별것 아닌 것 같지만 매우 중요한 일이다. 이렇게 노력하는 모습을 보인다면 상대방은 거절당한다 해도 당신의 모습 자체에 감동을 느낄 것이다. 고객 감동은 이렇게도 만들 수 있다.

Common Sense Dictionary
for Rookies

7

일곱째 마당

회의, 능력 FLEX의
좋은 기회

회의는 원래 좋은 것

회의는 좋으면서도 나쁘다. 다 같이 모여 아이디어를 나누면 최선의 방법을 찾을 수 있으니 좋으면서도 부서장의 짜증으로 분위기가 잔뜩 무거워지면 회의 시간 자체가 스트레스가 될 수도 있다.

자, 지금부터는 회의의 긍정적인 면을 살펴보자. 회의는 당신을 어필할 수 있는 좋은 기회다. 부서원들이 모두 모여 있을 때 당신이 가진 전문적인 지식과 실력을 마음껏 뽐낼 수 있다. 절대 겸손할 필요가 없다. 마음에 들지 않는 부서원이 있으면 숫자와 팩트로 폭행해도 된다. 회의 자리에서는 하얀 거짓말을 할 필요도 없다. 마음이 가는 대로, 떠오르는 대로 마음껏 말해도 된다.

내 밥그릇은 내가 지킨다!

래퍼들의 오디션 프로그램 〈쇼미더머니〉를 모르는 사람은 없을 것이다. 염색한 레게머리, 큼직한 황금 목걸이 등 참가자들의 모습을 보면 필자 같은 아저씨(?)들은 감히 범접할 수 없는 분위기를 풍긴다. 그들은 비트가 흘러나오면 자유롭게 랩을 하며 자신의 실력을 뽐낸다. 오디션 과정 중에 '싸이퍼(Cypher, 자신이 있으면 아무나 마이크를 잡고 비트에 맞춰 프리하게 랩하는 것) 미션'이 있는데 이때 자신 있으면서도 뭔가 무거운 표정으로 세상에 대한 분노를 쏟아내는 참가자도 있고, 자신이 얼마나 대단하고 인기가 많은 사람인지 멋있게 랩으로 풀어내는 참가자도 있다. 반면 미션에 참여하지 않고 뒤에서 고개만 끄덕이는 참가자도 있다. 당신이 심사위원이라면 어떤 참가자에게 후한 점수를 주겠는가?

회사에서 하는 회의도 비슷하다. DJ가 비트를 깔아주듯 부서장이 회의 주제를 던져준다. 이때 자신이 그 이슈에 대해 얼마나 잘 알고 있는지 자신 있게 이야기하며 솔루션을 제시하는 부서원이 있고, 회의 시간 내내 조용히 듣고만 있는 부서원이 있다. 자, 당신이 부서장이라면 어떤 부서원에게 후한 점수를 주겠는가?

〈더 퍼지(The Purge)〉라는 영화가 있다. 국가의 평화를 위해 1년에 하루를 '복수의 날'로 정해놓고 그날엔 살인 등의 범죄를 저질러도 용납한다는 내용이다. 회의도 이와 비슷하다. 당신의 마음에 들지 않는 사람이 있으면 "숫자가 좀 이상한 것 같은데요?", "전 그렇게 생각하지 않습니다" 등의 멘트로 자유롭게 쥐어팰 수 있다.

회의는 계급장을 떼고 자유롭게 이야기할 수 있는 좋은 기회다. 겸손하게 다른 사람의 이야기를 듣고 있기만 하는 것이 미덕이 아니다. 당돌하게 의견을 제시하고 다른 사람의 의견에 반박하며 자신의 존재 가치를 증명해야 한다. 회의 시간에 온순하게 "네, 알겠습니다"라는 말만 반복하면 누군가에게 당신의 밥그릇을 빼앗길지도 모른다.

필자가 한 회사에서 일했을 때 생산이 수요를 따라가지 못한 시기가 있었다. 그때 어떤 고객이 가장 급하게 제품을 필요로 하는지, 어떤 고객이 지금 제품을 공급받으면 나중에 우리가 어려울 때 도와줄 수 있는지 등을 판단하고자 영업회의가 열렸다. 영업사원들은 자신의 고객이 얼마나 중요한지, 나중에 우리를 얼마나 잘 도와줄 수 있는지 다른 영업사원들을 설득해야 했다. 설득에 실패한다면? 물량이 다른 사람에게 배정되어 그만큼 실적을 더 내야 했다. 이럴 때 가만히 앉아만 있으면 만만한 사람으로 보일 수 있다. "안 됩니다. 제 고객도 중요합니다!"라고 말하며 보다 적극적으로 자기 밥그릇을 지켜야 한다.

회의에 참석할 때는 '내 실력을 의심하면 짓밟아줄 거야', '내 것 건드리면 가만히 두지 않을 거야'라는 눈빛을 장착해야 한다. 동화 속 세상은 모두가 아름답게 대화를 나누며 좋은 아이디어를 도출해내지만 여기는 동화 속 세상이 아닌 대한민국이다. 큰 목소리로 당당하게 자신의 의견을 주장하는 것이 착한 행동, 대접받을 수 있는 행동이다.

회의 시간에는 싸움닭이 되어라

너무 으르렁대면 다른 사람들이 나를 싫어하지는 않을지 걱정이 될 수도 있다. 그런 걱정은 접어두어라. 사람들은 적극적인 모습에, 성과를 만들겠다는 당찬 모습에 높은 점수를 줄 것이다. "저 친구는 회의할 땐 싸움닭 같아"라는 평가를 받으면 성공이다.

도박판에서 30분간 누가 호구인지 모르겠다면 그 사람이 바로 호구라고 한다. 회의 때 아무 말도 못하는 호구로 보여선 절대 안 된다. 필요하다면 부서장과도 맞서겠다는 생각으로 회의실에 입장하기 바란다. NPC(Non-

Playable Character, 직접 조작하지 않는 캐릭터)라는 것이 있다. 이는 게임에서 배경으로 돌아다니는 병풍 같은 존재들을 가리키는데, 그런 존재가 되는 일은 절대 없어야 한다.

회의의 종류와 목적

회의의 종류

'회의'는 종류와 관계없이 일반적으로 '미팅'이라는 용어를 사용한다. 즉, '회의(미팅)'는 모든 종류의 모임을 통칭하는 가장 포괄적인 용어이며, 이는 컨벤션, 컨퍼런스, 포럼, 세미나, 워크숍, 전시회, 무역쇼 등으로 다시 분류할 수 있다. 이러한 분류는 참석자의 수, 프레젠테이션의 유형, 참가 청중의 수, 회의 형식(형식적 또는 비형식적)에 따라 이루어진다.

- **컨벤션(Convention):** 회의 분야에서 가장 일반적으로 사용되는 용어로, 대회의장에서 개최되는 일반 단체 회의를 말한다. 그 뒤에 소형의 브레이크아웃 룸에서 위원회를 열기도 한다.
- **컨퍼런스(Conference):** 컨벤션과 유사하나 일반적 성격의 문제보다는 좀 더 전문적인 문제를 다룬다. 즉, 컨벤션은 주로 다수 주제를 다루는 업계의 정기회의에 사용되는 반면, 컨퍼런스는 주로 과학이나 기술, 학술 분야의 새로운 지식 습득 및 특정 문제점의 연구를 위한 회의에 사용된다.
- **컨그레스(Congress):** 컨퍼런스와 유사하나 일반적으로 유럽에서 국제회의를 지칭하는 것으로 사용되고 있다.
- **포럼(Forum):** 제시된 한 주제에 대해 상반된 견해를 가진 동일 분야 전문가들이 사회자의 주도하에 청중 앞에서 벌이는 공개토론회로, 청중이 자유롭게 질의에 참여할 수 있으며 사회자가 의견을 종합하는 형식을 가리킨다.
- **심포지엄(Symposium):** 제시된 안건에 대해 전문가들이 청중 앞에서 벌이는 공개토론회로, 포럼과 유사하나 다소 형식을 갖추고 청중의 질의 기회가 적은 것이 차이점이다.
- **세미나(Seminar):** 대면 토의로 진행되는 비형식적 모임이다. 주로 교육 목적을 띤 회의로, 30명 이하의 참가자가 어느 1인의 지도하에 특정 분야에 대한 각자의 경험과 지식을 발

표하고 토론한다.

- **워크숍(Workshop):** 보통 30명 정도의 인원이 참가하는 훈련 목적의 소규모 회의로, 특정 문제나 과제에 관한 아이디어, 지식, 기술, 통찰 방법 등을 서로 교환한다. 기업의 경우 부서 단위로 종일 또는 1박 2일 일정으로 주제 토론을 이어가는 경우를 가리키기도 한다.

회의의 목적

회의는 어떤 목적을 가져야 할까? 이에 대해서는 다음과 같이 정리해볼 수 있다.

- **정보:** 결정 사항 또는 중요 데이터 공유
- **동의:** 결정에 대한 동의 획득
- **계획:** 기업 전략 및 현재 및 미래 과제에 대한 계획
- **수립:** 문제 분석, 의사결정, 실행 계획 수립, 일상적인 과제에 대한 계획 수립
- **점검:** 계획 대비 성취도 등 일상 업무 또는 프로젝트 업무의 진행 현황 점검

비효율적인 회의들

회의를 진행하다보면 모여서 이야기하는 회의(會議)가 아니라 회의(懷疑, 의심을 품음)가 들게 하는 자리라는 생각이 들 때가 있다. 비효율적인 회의의 특징을 알아보도록 하자.

- 시간 부족으로 대충 마무리해 도대체 어떤 결론을 낸 건지 알 수 없다.
- 판단 근거가 충분해도 나중에 다시 생각하자며 이유 없이 결론을 미룬다.
- 새로운 아이디어가 한 건도 나오지 않는다.
- "그러게 내가 뭐라 그랬어"라고 말하는 사람이 많다.
- 무슨 일로 모였는지 도통 이유를 알 수 없을 때가 있다.
- 회의 참가자가 너무 많아 제대로 진행되지 않을 때가 있다.
- 타당성 여부가 아니라 목소리 크기로 결론이 날 때가 있다.
- 지위 고하에 따라 좌석이 배치되는 경향이 있다.
- 사전 자료를 배포하기는커녕 화이트보드도 없이 논의가 겉돈다.
- 시작 전부터 결론이 정해져 있는 듯한 느낌을 받을 때가 있다.

- 보고나 자료 설명 시간이 너무 길어 정작 중요 사안은 토론하지 못한다.
- 형식적이다. 속마음과 다른 의견을 발표한다.
- 의견을 내면 "그럼 자네가 해보게"라는 말을 들을까 싶어 의견을 잘 내지 않는다.

2017년 대한상공회의소에서 발간한 〈국내 기업 회의 문화 실태와 개선 해법〉이라는 보고서를 보면 잘못된 회의의 특징을 잘 설명하고 있다. 사람 사는 거 다 똑같다. 우리 회사 회의가 엉망이라고 너무 괴로워할 것 없다. 다른 회사도 마찬가지니까.

IV. 근인과 개선 방안-② 근인에 대한 전문가 의견
- 도출된 근인에 대해 기업 문화 담당자 포커스 그룹 및 전문가 의견을 수렴

비합리적 업무 프로세스	**주먹구구식 회의 운영** "권한 위임이 안 되니 애써 회의해도 위에서 다 뒤집힌다." "업무 분장이 모호하니 일단 다 불러 모은다. 회의 자리에서는 괜히 내 일이 될까 싶어 발언을 자제한다."
전근대적 리더십	**상사는 보스(boss)? 리더(leader)?** "이른바 '쪼아야 일한다'라는 의식이 팽배하다. 회의는 그 수단일 뿐이다." "자신의 성공 경험에만 의존한 과한 자기 확신이 침묵의 회의를 불러온다."
수동적 팔로워십	**학습된 무기력** "열정 있는 신입사원들도 몇 년 지나면 비슷비슷해진다. 말해봤자 소용없다는 사실을 체득한 거다." "'가만히 있으면 중간은 간다'라는 말은 처세술에서 빠지지 않는다. 실패보다 더 나쁜 게 무임승차라는 인식이 필요하다."
토론이 익숙하지 않은 문화	**눈치만 있고 신뢰는 없는 문화** "주입식 교육만 받아왔으니 회사에서 갑자기 토론이 잘될 리 만무하다." "내가 한 말을 상대가 어떻게 평가하고 상대에게 어떤 영향을 미칠지 '재는' 문화가 팽배하다. 상호 신뢰가 부족한 분위기 속에서 활발한 토론을 기대하기는 어렵다."

출처: 대한상공회의소

040

회의 준비,
이렇게 하면 칭찬받는다

회식 때 막내가 고기를 굽는 것이 암묵적인 룰로 자리 잡은 것처럼 회의 역시 막내가 준비해야 한다는, 이상하고 불합리한 룰이 자리 잡고 있다. 부서 내 회의처럼 잠깐 모여 이야기를 나누는 작은 회의부터 부서 간 회의, 다른 회사와의 회의처럼 사이즈(?)가 제법 큰 회의까지 막내가 도맡아 준비하는 경우가 많다. 회의 준비는 집안일과 같다. 잘하면 본전이고, 못하면 티가 팍팍 난다. 회의를 준비할 때 어떤 것들을 확인해야 하는지 하나씩 알아보도록 하자.

회의의 단계와 준비 사항

끝날 때까지 끝난 게 아니라고 하는데 회의도 그렇다. 회의는 크게 ① 회의 준비 단계, ② 회의 단계, ③ 후속 조치 단계로 나누어볼 수 있다.

회의 준비 단계	회의 단계	후속 조치 단계
1. 회의 안건 준비 : 발표 자료 작성	1. 랩업(Wrap-up) 및 회의록 작성 : 회의 후 즉시 배포 준비	1. 회의록 배포 : 회의 후 즉시 배포 준비
2. 회의장 준비 : 장소를 확정해야 공지 가능	2. 다음 장소 섭외 : 중요 회의면 저녁 식사 장소 섭외	2. 회의록 내용 • 기본 사항: 일시, 장소, 참석자 • 주요 내용 요약(Executive Summary)
3. 회의 공지 : 1주, 3일, 1일 전 리마인드	3. 회의 장비 사전 점검 : 마커펜, 스크린, 포인터, 노트북, PC, 전화 연결 상태 등	• 회의 내용: 안건, 결정 사항, 실행 부서, 기한
4. 참석자 확인 : 높은 분들의 급을 맞춰야 함		

회의 준비 단계

회의가 필요한 안건 정리

회의를 준비할 때 가장 핵심적인 것은 회의가 필요한 안건을 정리하는 것이다. 해당 안건이 과연 회의가 필요한지, 회의를 해야 한다면 시간은 어느 정도가 필요한지 관리자와 상의해 미리 가늠해보는 과정이 회의의 첫 번째 단계다. 이 단계에서 회의 때 사용할 발표 자료 또는 참고 자료를 작성해야 한다. 그래야 그다음 단계 때 자료를 발송하고 참석을 요청할 수 있기 때문이다.

회의 참석자 선정 및 참석 요청

회의는 상당한 비용이 드는 업무다. 회의실 자체의 물리적 비용은 따로 생각하지 않더라도 참석자들의 수와 그들의 급여를 생각하면 한 번의 회의에 꽤 많은 비용이 들어간다. 그저 단순한 회의 한 번이 아니다.

회의에 꼭 참석해야 하는 사람들에게 미리 준비한 회의 자료를 배포하는 동시에 회의 참석을 요청해야 한다. 이때 회의 일시, 장소, 논의 안건을 반드시 전달해야 한다. 회의 참석 요청은 적어도 일주일 전에는 하는 것이 좋다. 회의 참석자가 같은 부서에 소속된 사람이라면 꼭 일주일 전에 통보할 필요는 없지만 유관부서나 외부 업체인 경우에는 회의에 참석해야 하는 사람이 자체 보고 체계를 거치고 일정에 반영하기까지 약 일주일의 기간이 필요하기 때문이다.

일명 'short notice'라 하여 하루 전 또는 몇 시간 전에 급하게 회의를 소집하는 경우도 있는데, 매우 높은 사람이 급박하거나 중요한 안건이 있을 때 소집하는 것이 대부분이다. 신입사원이 "회의가 필요합니다! 모두 하던 일을 멈추고 회의에 참석해주세요" 하는 경우는 없다.

한 가지 주의 사항이 있다. 실무자들끼리 진행하는 회의라 해도 해당 부서장들에게 회의 참석 요청과 회의 자료 전달이 이루어져야 한다는 점이다. 회의에 참석할 필요가 없다고 판단해 그들은 누락시키면 추후 부서 간 협조가 필요한 경우, 실무자가 협조를 약속해도 부서장이 협조를 거부하는 일이 발생할 수도 있다. 실제로 잘못된 권위의식으로 자신에게 미리 보고되지 않은 사안은 "난 모르는 일이야" 하며 거부권을 행사하는 나쁜 중간관리자가 존재한다.

회의 단계

회의의 본래 목적을 달성하는 단계로, 가장 중요하고 특별히 신경 써야 하는 단계다. 정신없이 이런저런 이야기가 나오고, 어떤 경우엔 목소리가 높아지기도 하며 활발하게 논의가 이루어진다. 이때 우리는 랩업 단계를 준비해야 한다.

랩업 및 회의록 작성

랩업은 '회의 결과 최종 정리' 정도로 이해하면 된다. 'Wrap'은 '물건을 포장지 등으로 싸다'라는 의미인데, 여기서는 회의가 마무리되면 회의 내용을 포장한다는 뜻이다. 방법은 어렵지 않다. 회의가 끝나면 이 안건은 이렇게, 저 안건은 저렇게 회의 결과를 최종적으로 정리하면 된다. 랩업이 잘 정리되면 다음 단계인 회의록 작성과 배포가 수월해진다. 만약 랩업이 제대로 되지 않으면? 이후에 배포된 회의록을 보고 "어? 난 이렇게 말한 적 없는데?"라고 오리발을 내미는 사람이 등장할 수도 있다.

효과적인 랩업

• **의제 재검토**
"오늘 토의된 브레인스토밍 안건 ○○○ 중에서 ◇◇◇를 토의하였습니다. 토의된 내용은 다음과 같습니다."

• **결정 사항 및 참가자의 역할 강조**
"오늘 회의에서 결정된 것은 △△△이고, 이것은 ○○○, ◇◇◇ 과장님이 ○○월 ○○일까지 추진하기로 했습니다. 기간 내에 완료될 수 있도록 부탁드리며, 진행 과정 중에 궁금한 것이 있으면 언제든 말씀해주시기 바랍니다."

• **차기 토의 사항 파악**
"시간이 부족해 토의하지 못한 안건은 ○○○입니다. 이에 대해서는 다음 주 회의 시간에 토의하도록 하겠습니다. 혹시 더 토의해야 할 안건이 있으면 말씀해주시기 바랍니다."

이렇게 랩업을 하고 나면 회의록을 작성해야 하는데, 회의록 작성 방법은 둘로 나뉜다. 첫 번째는 회의 종료 후 회의 주관 담당자가 작성하는 방법이다. 회의를 통해 모아진 의견들을 종합해 정리한 뒤 내부 결재 단계를 거쳐 회의 참석자들에게 배포한다. 두 번째는 회의를 진행하는 동안 스크린에 문서를 띄워놓고 실시간으로 회의록을 작성하는 방법이다. 이 방법을 사용하면 문서 작성 완료가 곧 회의 종료가 된다. 첫 번째는 일반적으로 사용되는 방법이고, 두 번째는 이해관계가 첨예하게 대립하는 경우, 문구 또는 숫자 하나까지 매우 민감한 사안을 다루는 경우 주로 사용되는 방법이다.

후속 조치 단계

회의 후에는 주로 F/U(팔로우 업)에 초점이 맞춰진다. 회의 때 도출된 결과대로 진행되는지 확인하는 동시에 회의 때 합의된 대로 조치를 취하는 것을 가리킨다. 후속 조치가 제대로 이루어지지 않으면 여러 사람이 시간을 내 진행한 회의가 아무 의미가 없어진다. 따라서 후속 조치는 회의 진행만큼이나 중요하다.

회의 준비부터 마무리까지 매끄럽게 처리하면 개념 있는 신입사원, 능력 있는 신입사원으로 평가받게 될 것이다. 사실 필자는 이 모든 일을 막내에게 맡기는 것이 불만이다. 부디 당신이 나중에 부서장이 되면 막내에게 일감을 몰아주는 일 없이 여러 사람이 분업할 수 있도록 조치를 취해주기 바란다.

회의의 소프트웨어 & 하드웨어

회의가 매끄럽게 진행되려면 회의에 필요한 소프트웨어와 하드웨어가 아무 문제가 없어야한다. 회의를 시작해야 하는데 프로젝터가 작동하지 않거나 마커펜이 나오지 않거나 참석하기로 한 사람이 오지 않는다면 회의를 준비한 담당자는 식은땀이 날 수밖에 없다. 지금부터는 미리 확인해봐야 할 소프트웨어와 하드웨어를 알아보기로 하자.

소프트웨어

• 회의 참석자

부서 내 회의라면 크게 문제될 것이 없지만 부서 간 회의 또는 다른 회사와의 회의라면 서로 급(?)이 맞아야 하기 때문에 누가 참석하느냐는 매우 중요한 문제가 된다. 우리 회사에서는 상무님이 참석하는데 상대방 회사에서는 대리급 직원을 내보낸다면 상무님은 모욕감을 느낄 수도 있다. 누가 회의에 참석하는지 확인할 때는 '높은 사람' 위주로 확인하면 된다. 나머지는 '○○○ 외 몇 명'과 같이 정리하면 된다.

• 회의 자료

회의 때 이야기할 떡밥(이슈) 위주로 정리해야 한다. 문제 해결을 위한 회의라면 문제의 종류, 원인, 해결책 위주로, 향상을 위한 회의라면 현재 상황, 개선 방안 위주로 자료를 정리해야한다.

하드웨어

물리적 공간에 실제로 모여 회의를 진행한다면 프로젝터, 노트북, 칠판 등 회의 때 사용할 도구들이 제대로 작동하는지 사전에 점검해보아야 한다. 만약 줌(ZOOM) 등 가상공간에서 진행하는 회의라면 회의실 개설 후 주소와 비밀번호를 다시 한 번 꼼꼼하게 확인한 뒤 공지해야 한다. 회의를 진행할 때 활용할 수 있는 서비스는 다음과 같이 매우 다양하다.

이러한 서비스들 중에서 하나 또는 그 이상을 이용할 텐데, 한 가지 팁을 드리자면 서점에 가면 업무 툴인 줌과 노션(Notion) 사용 방법을 정리해놓은 책이 많다. 적합한 책을 골라 읽으면 업무에 도움이 될 뿐만 아니라 주변 사람들에게 '저 직원은 업무력 향상을 위해 늘 열심히 공부한다'라는 인상을 심어줄 수 있다. 마찬가지로 지금 당신이 읽고 있는 바로 이 책! 《신입사원 상식사전》이 책상에 놓여 있으면 '노력하는 신입사원'이라는 좋은 이미지를 만들어낼 수 있다.

절대 어렵지 않은
회의록 작성

회의록을 작성해보라는 지시를 받으면 상당히 부담된다. 회의 내용을
다 알고 있어야 제대로 작성할 수 있는데 업무 파악도 못한 상황에서 회의
록 작성이라니! 하지만 걱정할 것 없다. 회의록 작성은 일종의 '칸 채우기'
작업일 뿐이다. 회의 안건과 내용을 완벽하게 알면 좋겠지만 그렇지 않아도
크게 어렵지 않다. 기본적인 구성 항목만 알고 있으면 된다. 지금부터 하나
하나 알아보도록 하자.

회의록 샘플

우선 일반 기업에서 많이 사용하는 회의록을 보자. 필자가 과거에 작성
했던 회의록이다. 지금 봐도 참 잘 쓴 것 같아 너무나 뿌듯하다. 기본 항목을
살펴보자.

회의록(임원 정기회의)

1. 일시: 2008년 7월 30일 오후 2~5시
2. 장소: 본사 대회의실
3. 참석: 영업 담당 임원 신찬진, 기획 담당 임원 박자돈 외 12명
4. 주요 내용(Executive Summary)
   ① 42W LCD-TV는 8월 말 기한으로 가격 인하 폭 결정
   ② 해외 법인 회의는 9월 10일 목표로 추진

5. 세부 내용

이슈 사항	논의 내용	의사결정 사항	주관 부서	기한
42W LCD-TV 가격 결정	1. 해외 법인은 현 가격 대비 5% 인하를 요청함 2. 기획부서는 원가 상승으로 현 가격 유지를 요청함	1. 가격 인하는 2개월 후 실시 2. 가격 인하 폭은 영업-기획부서 재논의	영업/기획 부서	2008년 8월 30일
해외 법인 회의 추진	1. 해외 법인 회의를 통해 내년 사업 계획 수립 필요 2. 가격 인하 후 시장 반응 관찰 위해 9월 이내 실시 필요	1. 9월 10일을 목표 날짜로 선정 2. 세부적인 시간과 장소는 영업부서에서 F/U	영업부서	2008년 8월 20일

6. 기타 사항
① 회의 결과 중간 점검은 8월 17일 전후로 실시 예정
② 차후 임원 정기회의는 8월 20일

1. 일시: 회의 날짜와 시간을 기록한다.

2. 장소: 회의가 이루어진 장소를 기록한다.

3. 참석: 참석자를 기록한다. 참석자가 많지 않으면 전원의 이름과 직급을 적고, 참석자가 많으면 직급이 제일 높은 사람 한두 명의 이름과 직급을

적고 나머지는 '외 몇 명'으로 정리한다.

4. 주요 내용: 바쁜 사람들을 위한 핵심 요약이다. '그래서 결론이 뭐야?'를 정리한다.

5. 세부 내용: 이게 핵심이다. 이슈 사항, 논의 내용, 의사결정 사항, 주관 부서, 기한순으로 기록한다.

- **이슈 사항:** 어떤 문제가 있는지 말 그대로 이슈 사항이다.
- **논의 내용:** 각 담당자가 한 말을 정리한다. 일반 기업은 보통 요약해 정리하고, 관공서 또는 국가기관은 참석자들의 발언을 그대로 옮기는 경우가 많다.
- **의사결정 사항:** 이슈에 대해 어떻게 결론을 내렸는지 요약한다. '그래서 어떻게 하기로 했어?'에 대한 답이다.
- **주관 부서:** F/U 담당자 또는 부서를 정리한다. 이 부분이 누락되면 아무도 F/U하지 않는 경우가 발생하기도 한다. 회의록 정리를 잘했는지 여부를 결정하는 포인트이기도 하다.
- **기한:** F/U 기한을 명시한다. 주관 부서와 기한을 함께 명시해야 일이 제대로 처리된다. 기한을 정해놓지 않으면 업무가 지연되는 일이 발생할 수도 있다.

6. 기타 사항: 이슈에 포함되지 않았지만 참고할 만한 사항들을 적는다. 주로 '다음 회의 일정'을 기록하는 경우가 많다.

이번에는 한국은행의 회의록을 살펴보자. 2022년 6월 22일에 있었던 금융통화위원회의 의사록이다.

1. 일   자   2022년 6월 22일(수)

2. 장   소   금융통화위원회 회의실

3. 출석위원   이 창 용   의 장(총재)
              조 윤 제   위 원
              서 영 경   위 원
              주 상 영   위 원
              이 승 헌   위 원(부총재)
              박 기 영   위 원

4. 결석위원   없   음

5. 참 여 자   강 승 준   감사   박 종 석   부총재보
              이 환 석   부총재보   배 준 석   부총재보
              민 좌 홍   부총재보   이 상 형   부총재보
              양 석 준   외자운용원장   김   웅   조사국장
              이 정 욱   금융안정국장   홍 경 식   통화정책국장
              김 인 구   금융시장국장   김 현 기   국제국장
              박 양 수   경제연구원장   박 영 출   공보관
              한 승 철   금융통화위원회실장 최 문 성   의사팀장

6. 회의경과

가. 의결안건

<의안 제17호 - 금융안정보고서(2022년 6월)(안)>

(1) 담당 부총재보가 「한국은행법」 제96조 제1항에 의거 금융안정보고서(2022년 6월)를 의결하고자 한다는 내용의 제안설명을 하였음.

(2) 위원 토의내용

제안설명에 이어 관련부서에서는 금번 보고서 작성의 기본방향과 핵심 점검사항, 그리고 위원협의회에서 논의된 주요 내용을 다음과 같이 보고하였음.

- 1 -

먼저 금번 보고서에서는 기존 보고서 체계, 목차 등을 유지하되, 최근 대내외 여건 변화가 국내 금융시스템에 미치는 영향과 취약부문 잠재리스크의 현재화 가능성을 점검하고 대응방안을 제시하는 데 중점을 두었음. 아울러 소득별 또는 순자산 순위별로 구분해 가계 및 자영업자 차주의 취약성을 점검하였음. 또한 암호자산이나 비금융회사의 지급서비스 동향과 같은 새로운 금융안정 이슈와 관련해서는 최근 국내외 규제 관련 논의도 추가하였음. 현안 분석과 참고박스에서는 미 연준 정책금리 인상의 가속이 비은행금융기관의 건전성에 미치는 영향, 가계대출과 부동산시장 연계에 따른 가계의 부실위험 등을 점검하였음. 또한 민간부채 누증에 따른 금융불균형 축적 상황에 대해 여전히 경계해야 한다는 점에서 기업신용의 부문별 유입현황, 대출규제 완화가 가계대출 증가에 미치는 영향, 자영업자 대출의 채무상환위험, 경기대응완충자본 도입 필요성 등도 함께 살펴보았음. 아울러 탄소중립 추진 및 암호자산시장 확대에 따른 리스크 등 중장기적 시계에서 금융안정에 영향을 미칠 수 있는 리스크 요인도 점검해 보았음.

다음으로 6월 8일 위원협의회에서 논의된 내용은 다음과 같음.

여러 위원들은 금번 보고서가 대외 리스크 점증, 금융지원 조치의 정상화, 기후변화·암호자산 관련 리스크 등 최근 부각되는 금융안정 이슈들을 균형있게 분석한 것으로 평가하였음.

또한 여러 위원들은 경기대응완충자본 부과가 은행의 대출을 어느 정도 제약하는지, 어떤 수준으로 부과하는 것이 적절한지, 부문별 경기대응완충자본 부과가 더 나은지 등에 대해 지속적인 연구를 해줄 것을 제안하였음.

가계신용과 관련하여 일부 위원은 가계부채와 주식시장과의 연계성을 살펴볼 때 최근 규모가 커진 기업공개 측면을 살펴볼 필요가 있다는 의견을 제시하였음.

일부 위원은 기업신용의 움직임과 관련하여 앞으로 금리상승 국면에서도 기업대출이 높은 증가세를 이어갈 것인지에 대해 점검할 필요가 있다는 의견을 나타내었음.

다른 위원은 일부 업종의 기업대출을 보면 증가율뿐만 아니라 규모 자체도 상당히 높은 수준임을 주의하여 살펴볼 필요가 있다는 견해를 피력하였음.

- 2 -

일부 위원은 자산시장과 관련하여 전월세시장에서 가격 오름세는 둔화된 반면 거래량은 늘고 있다는 점을 지적하면서, 부동산시장 가격과 거래량 지표의 움직임을 면밀히 점검할 필요가 있다는 의견을 나타내었음.

기업신용이 부동산업 등 일부 업종으로 과도하게 유입되는 현상과 관련하여 일부 위원은 기업신용이 생산적인 부문으로 유입되는 것이 바람직하겠으나, 데이터 제약 등으로 생산성 측정에 한계가 있을 수 있으므로 이에 대한 추가적인 연구가 필요하다는 의견을 제시하였음. 이외러 다른 위원은 기업신용의 경우 금융기관의 자금공급 측면 이외에 기업의 자금수요 측면에 대한 고려도 중요하다는 견해를 밝혔음.

글로벌 리스크 증대가 신흥국에 미치는 영향과 관련하여 일부 위원은 연준의 정책금리 인상 가속, 우크라이나 사태 장기화, 중국 경기 둔화 가능성 등 각 요인이 어느 신흥국에 주로 영향을 미치는지와 우리나라에 미치는 영향은 어느 정도인지를 살펴볼 필요가 있다는 의견을 제시하였음.

여러 위원들은 보고서에 대한 독자의 이해도를 제고할 수 있도록 관련 개념이나 계량분석 모형, 시나리오 설정의 전제치, 분석범위 등에 대해 자세한 설명을 추가하는 것이 좋겠다는 견해를 나타내었음.

관련부서에서는 위원들의 의견을 반영하여 동 보고서를 수정·보완한 후 그 결과를 위원들에게 설명하였음.

(3) 심의결과

원안대로 가결

<의결사항>
한국은행법 제96조 제1항에 의거 거시 금융안정상황에 대한 평가보고서를 붙임과 같이 작성하여 국회에 제출할 것을 의결한다.
<붙임> 「금융안정보고서(2022년 6월)」(안) (생략)

<의안 제19호 - 회사채·CP 매입기구(SPV)에 대한 제1회 대출금 재대출(만기연장) 실시(안)>

- 3 -

출처: 금융통화위원회

일반 기업과 마찬가지로 일자, 장소, 출석위원, 결석위원, 참여자, 회의 경과순으로 정리되어 있다. 워낙 쟁쟁한 분들이 많이 참석한 회의이기에 한국은행 총재님부터 시작해 '외 몇 명'이 아닌 '○○○위원', '○○○국장'과 같이 상세하게 적혀 있다. 회의 경과를 보면 핵심 요약이 아니다. 여러 위원, 일부 위원, 다른 위원이 이러저러한 이야기를 했다는 식으로 정리했다. 녹취록인가 싶을 정도로 비교적 상세하게 정리했다. 다음으로 이어지는 회의 결과는 (3) 심의 결과에 '원안대로 가결'이라고 정리되어 있다. 일반 회사에서는 이런 식으로 회의록을 작성하면 왜 핵심 요약이 빠졌는지, 결론이 왜 마지막에 나오는지 많은 지적을 받았을 것이다. 그리고 이런 말을 들을지도 모른다.

"대체 누가 작성한 거야!"

042

잘나가는 회사들의
회의 방법

회의에 직접 참석해보면 '이래도 되나?' 싶을 정도로 엉망인 경우가 많다. 부서장은 화만 내고, 부서원들은 영혼이 나간 듯 앉아 있고, 결론은 없는 회의! 지금부터는 잘나가는 회사들의 회의는 어떻게 진행되는지 알아보자. 당장 우리 회사에도 적용하고 싶겠지만 현실적으로 쉽지 않을 것이다. 나중에 부서장이 되거나 임원이 되었을 때 적용하는 것을 목표로 삼자.

구글의 회의(How Google Works)

구글은 컴퓨터 공학자들의 회사로, '비효율'을 증오한다. 최대한 시간을 잘 활용하여 효과적인 의사결정을 도출해내고자 노력한다. 구글에는 8가지 회의 법칙이 있다.

8가지 회의 법칙

1. 한 명의 최종 의사결정자/책임자를 지정하라.

회의 안건에 '목'이 달려 있는 사람이 반드시 있어야 한다. 간혹 동급의 두 축이 회의를 하는 경우가 있는데, 서로 양보하고 합의를 보는 과정에서 최선의 선택을 놓칠 수 있으므로 양측 모두를 대표해 결정을 내릴 수 있는 사람을 회의에 참석시킨다.

2. 의사결정자는 실무를 집행하라.

담당자가 회의 일정을 잡고, 회의 목적을 전달하고, 참석자들에게 미리 안건을 통보한다. 또 회의가 끝나면 48시간 이내에 회의록 배포 및 추가 방법을 통해 회의 결과를 공지한다. (이는 링크드인 회의 문화와 매우 흡사하다.)

3. 의사결정이 목적이 아닌 회의라도 반드시 책임자를 지정하라.

정보를 전달하거나 아이디어 구상을 위한 회의에도 반드시 명확한 목표 및 회의 안건을 정하고, 반드시 필요한 사람만 초대하는 것을 원칙으로 한다.

4. 불필요한 회의는 없애라.

'이 회의는 정말 유용한가?', '너무 자주 모이는 것 아닌가?', '사람들에게 필요한 정보를 전달하고 있는가?' 등의 질문을 객관적으로 평가하고, 그렇지 않다는 결론이 나오면 과감하게 회의를 취소하거나 변경한다.

5. '감당할 만한' 인원수로 진행하라.

회의 참석 인원은 8명으로 제한한다. 회의 참석자들은 의견을 낼 수 있어야 한다. 회의 결과를 알아야 하는 사람들을 참관자로 회의에 추가하지 말고, 이후에 그들에게 내용을 전달할 수 있는 절차를 만든다. (이는 업무를 진행할 때 피자 2판 정도 먹을 수 있는 팀원 수로 제한하는 아마존의 '2-pizza rule'과 비슷하다.)

6. 회의에 참석하는 것을 '벼슬'로 여기지 말라.

간부회의 등 중요해 보이는 회의가 있더라도 회사 내에서 자신의 역할이 없다면 굳이 참석하지 않는다. 참석해 아무것도 하지 못할 바에는 참석하지 않는 것이 낫다.

7. 시간 관리에 신경 써라.

정시에 시작해 정시에 끝낸다. 회의 목적을 일찍 달성했다면 빨리 자리를 정리한다. 회의는 사람들이 하는 것이다. 지역별 시차, 점심시간, 퇴근 시간 등을 존중해 회의 일정을 잡아야 한다.

8. 회의에 참석하면, 회의에 참석하라.

회의가 진행되는 동안 휴대폰으로 이메일이나 SNS 등을 열람해서는 안 된다. 그럴 시간이 있다면 회의에 참석할 필요가 없다는 뜻이다. 만약 다른 업무를 동 시간에 해야 한다면 선택과 집중을 해야 한다. (필자는 회의 초대장에 '랩탑 반입 금지' 등의 문구를 크게 써넣는다. 열띤 토론을 하는데 옆에서 상관없는 타자 소리가 들리면 너무나 짜증이 난다. 그것만큼 무례한 행동도 없다.)

삼성의 회의(337회의)

삼성은 신경영을 실시하며 올바른 회의 문화를 정착시키기 위해 노력했다. 회의를 할 때 가장 기본적인 사상과 행동 원칙을 '3.3.7원칙'으로 정리하여 전 계열사 모든 직원이 숙지하고 행동하도록 했다. '3.3.7원칙'이란 3가지 사고, 3가지 원칙, 7가지 지침을 말한다.

3가지 사고

즉흥적인 회의보다는 계획된 회의를 하라. 즉흥적인 회의는 참가자들이 영문도 모르고 들어와 시간을 낭비할 수 있고, 제대로 준비하지 않아 효과적인 회의가 될 수 없다.

1. 회의의 효율화를 위해 가급적이면 즉흥적인 회의를 하지 않는다. 그러므로 가장 먼저 회의의 필요성을 자문해봐야 한다.
- 꼭 필요한 회의인가?
- 스스로 결정하면 되는 것은 아닌가?
- 더 좋은 수단이 있을 수 있지 않은가?

2. 회의가 꼭 필요하다면 최대한 간소화시킨다. 이때도 여러 각도로 점검해야 한다.
- 참석자 수를 줄일 수 없는가?
- 빈도, 시간, 배포 자료를 줄일 수 없는가?
- 좀 더 원활하게 운영할 수 없는가?

3. 일단 회의를 하기로 했다면 다른 회의와 통합하거나 위임할 수 있는 방법이 있는지 모색해본다.
- 다른 회의와 겸해서 할 수 없는가?
- 권한 위임으로 해결할 수 없는가?
- 다른 회의에 맡겨도 좋은 내용이 아닌가?

3가지 원칙

꼭 해야 하는 회의라면 보다 효율적으로 진행하라. 앞서 언급한 3가지 사고로 최대한 회의를 하지 않거나 줄이도록 노력해야 한다. 하지만 모든 회의를 이렇게 줄일 수는 없다. 최소한의 회의는 필요하기 때문이다. 일단 회의를 하기로 했다면 다음 3가지 원칙을 지켜 효율적인 회의가 되도록 해야 한다.

1. 회의 없는 날을 운영한다.
각 회사마다 회의 없는 날을 자율적으로 운영하고 있지만 회의가 없는 날뿐만 아니라 회의 없는 시간도 지정해 운영하고 있다.

2. 회의 시간은 1시간을 원칙으로 하고, 최대한 1시간 30분을 넘지 않도록 한다.
1시간짜리 모래시계를 회의실에 비치해 시간을 엄수하도록 무언의 압력을 넣기도 하고, 회의를 정시가 아닌 10분 또는 15분에 시작해 정시에 끝내는 방법을 활용하기도 한다.

3. 회의 내용은 한 장으로 정리한다.
회의가 말로만 끝나면 무엇을 이야기했는지, 결론이 무엇인지, 어떻게 실행해야 하는지 제대로 파악되지 않을 때가 있다. 회의 내용을 정리해 참가자와 관련자에게 배포해야 하는데, 이때 간결하게 한 장으로 정리하는 것이 좋다.

7가지 지침

1. 회의를 진행할 때 가장 중요한 것은 시간 엄수다. 정시에 모두 참석하게 하고, 모두 참석하지 않았어도 회의를 시작한다. 종료 시간을 미리 공표해 시간 낭비를 줄인다.

2. 회의에 들어가는 경비를 회의 자료에 명시해 불필요한 낭비 요소를 제거하도록 한다. 생산적이고 효율적인 회의 문화를 만들기 위해 모든 회의의 기회비용을 산출하여 사전에 참석자들에게 공지한다.

3. 회의 참석자를 꼭 필요한 적임자나 담당자로 제한해 최소화시킨다.

4. 회의의 목적을 명확히 하고, 주제와 관련 없는 이야기를 하지 않는다. 의사결정을 위한 회의인지, 정보 공유를 위한 회의인지 명확히 구분해 사전에 참석자들에게 통보한다.

5. 사전에 회의 자료를 배포하고, 회의 참석 전에 의제를 검토해 회의가 원활하게 진행될 수 있게 한다. 이러한 점은 대부분의 기업이 사용하고 있는 사내 인트라넷으로 해결할 수 있다. 회의 전에 이메일로 의제 등을 발송하도록 한다.

6. 어느 한 사람이 주도적으로 발언하는 것을 막기 위해 참석자 전원이 발언하게 하고, 서로의 의견을 존중하도록 한다.

7. 회의록 작성을 최소화하기 위해 결정된 사항만을 기록해 보관한다. 전자 칠판을 사용한다면 전자 칠판을 복사해 회의록으로 활용한다. 녹음기를 사용한 경우에는 녹음 파일을 회의록으로 대체하고, 간단한 사항만 기록해 보관한다.

삼성에는 해당하는 사람에게 회의 내용을 전달해 그것이 업무에 반영되도록 하는 일련의 프로세스가 있다. 이를 3단계로 나누어보자. 회의장에서 회의 내용을 워드(word)라고 한다면, 이 워드가 회의실 창문(window) 밖의 사람에게 빠르게 전파된다. 이 윈도우 효과로 인해 해당하는 사람이 회의 내용과 결과를 제대로 이해하고 자신의 업무(재가)에 반영할 때 회의를 한 의미가 있다고 할 수 있다. 회의 내용이 회의장 밖의 해당자에게 전달되어 그의 업무에 반영하도록 하는 회의 문화를 삼성의 '3차원 회의 문화'라고 한다.

캐논의 스탠딩 회의

캐논이 일본 전자업체들의 부진 속에서도 탄탄한 기업으로 성공하기까지는 그들만의 독특한 회의 문화가 한몫했다. 캐논은 기업의 외부 환경이 변할 때마다 그에 적합한 대응책을 과감하게 펴나갔다. 조직 개편이 필요할 때는 사업주 재조직을 꾀했고, 현지에 생산 라인이 필요하다고 생각되면 과감한 투자를 통해 생산 라인을 구축했으며, 기술력이 떨어져 기술을 배워야겠다는 생각이 들면 곧바로 전략적 제휴를 통한 기술 개발을 꾀했다.

1999년 사카마키 히사시는 사장으로 취임한 직후 캐논의 체질 개선을 위해 가장 먼저 회의 문화를 바꾸었다. 그는 회의실 탁자 높이를 30㎝ 정도 높여 서서 회의를 하게 했다. 그러면 집중력이 높아져 회의 시간은 줄고 효율은 높아질 것이라고 생각했다. 또한 다리가 자극을 받으면 두뇌 회전도 빨라지고, 그로 인해 회의 중에 조는 사람이 없을 것이라 판단했다.

그전까지만 해도 회의를 한 번 하면 아침에 시작해 점심시간 1시간을 빼고 오후 5시까지 계속됐지만, 서서 하는 회의, 이른바 '스탠딩 회의'를 시작한 후 이틀 동안 진행됐던 힘든 회의가 당일 오후 1시에 끝났다. 즉, 과거에는 사업부의 보고를 받고 조정하는 데만 이틀이 걸렸지만 지금은 6시간이면 충분하다는 것이다. 사카마키 히사시는 이렇게 말했다.

"책임감을 갖고 활발하게 의견을 말하는 사람, 다른 사람의 의견에 귀를 기울이는 사람, 논리성 있게 의견을 집약해 말할 줄 아는 사람이 회의에 도움이 되는 사람이다. 입을 꾹 다물고 있거나 다른 사람이 말한 것을 종합 정리하는 평론가적인 발언을 하는 사람은 회의에서 배척해야 한다."

캐논은 직급에 관계없이 좋은 의견은 경영에 적극 반영한다. 그러나 각 회의의 참석자 수는 제한한다. 참석자가 너무 많으면 회의 분위기가 산만해져 집중력이 떨어지기 때문이다. 캐논은 회의 참석자의 범위를 넓히는 것을 매우 중요하게 여겨 젊은 사원들도 회의에 참석할 수 있는 기회를 많이 제공해 적극적으로 의견을 개진하게 하며, 환경을 보호하고 집중력을 높이자는 취지에서 원칙적으로 종이 자료를 금지하고 프로젝터를 이용한 전자 회의를 진행한다. 스탠딩 회의는 그 자체가 목적이 아니다. 치열한 글로벌 경쟁 속에서 회사가 생존하기 위해 필요한 하나의 수단으로 간주하여 의식 개혁 차원에서 진행한 것이다.

또 한 가지 소개할 것은 '오프사이드 미팅'이다. 캐논의 행동 지침인 '3自 정신(자발[自發], 자치[自治], 자각[自覺])'을 실천하는 데 매우 중요한 역할을 하는 독특한 제도로, 자신의 위치와 직함을 버리고 허심탄회하게 대화를 나누는 것이다. 대화의 효과를 높이기 위해 높은 자리에 있는 사람부터 순서대로 상석에 앉는 일이 없도록 수시로 좌석 배치를 바꾸고, 참가자가 직접 음식이나 음료를 준비해오게 하는 것이 특징이다.

HP의 커피브레이크

1986년 삼성전자는 미국의 휴렛팩커드(이하 'HP')와 합작회사를 설립했다. 이전까지 삼성전자는 가전제품은 잘 만들었으나 컴퓨터 산업은 경험이 없었다. 고 이병철 회장은 임직원들에게 HP와의 합작을 통해 컴퓨터 제조 기술과 마케팅 기법을 배우라고 지시했다. 삼성HP가 만들어지자 미국HP에서 6명의 임원이 한국으로 와 HP의 관리 방식을 전수해주었다. 그중 커피브레이크(Coffee-Break)라는 내부 커뮤니케이션 제도가 눈길을 끈다.

당시 삼성HP의 직원은 약 200명이었는데, 매일 아침 10시가 되면 사장부터 막내 직원까지 모두가 하던 일을 멈추고 한자리에 모여 다함께 커피를 마셨다. 아무런 집기가 없는 빈 공간에서 모두가 한 손에 커피잔을 들고 다양한 부서 사람들과 자유롭게 대화를 나누었다. 업무적인 이야기가 오가기도 했고, 사적인 이야기가 오가기도 했다. 또한 이런저런 이야기를 나누다 좋은 아이디어가 생각나면 즉석 회의가 열리기도 했다.

HP의 잉크젯 프린터 개발 아이디어도 바로 이 커피브레이크에서 나온 것이다. 매일 열리는 커피브레이크로 인해 불필요한 회의가 대폭 줄어들었을 뿐만 아니라, 회의 때도 대화 부족으로 생기는 커뮤니케이션 실수가 현저히 감소했다.

GE의 타운미팅

잭 웰치(Jack Welch)는 GE를 개혁하면서 구성원들이 자유롭게 의견을 개진하고 최선의 실행 방안을 찾아 즉석에서 스폰서가 결정하도록 하기 위해 타운미팅을 도입했다. 타운미팅에서는 모든 참가자가 직위, 나이와 관계없이 동일한 발언권과 투표권을 갖는다. 구성원들이 제안한 실행 방안을 스폰서가 즉석에서 결정해 실행하는 것이 가장 큰 장점이다. 구성원들은 타운미팅을 통해 자신이 내놓은 아이디어가 스폰서에 의해 채택되고 실행되는 것을 직접 확인함으로써 자긍심을 갖게 되었고, 그로 인해 업무에 대한 오너십과 적극적인 참여의식이 높아졌다.

타운미팅은 기업의 전략을 실행 가능한 액션 플랜으로 만드는 리더십 스킬이다. 타운미팅의 핵심은 반드시 고쳐야 할 경영상의 이슈나 문제를 주제로 선정한 뒤 주제와 관련된 임직원들이 모여 열린 토론을 통해 원인과 문제점을 분석하고, 그에 대한 구체적이고 실행 가능한 개선책을 마련해 의사결정자(스폰서, CEO 등)에게 제시하는 것이다. 그리고 의사결정자는 임직원들이 제안한 개선책의 실행 여부를 그 자리에서 'Yes' 또는 'No'로 즉시 결정하기 어렵거나 추가적인 협의가 필요하다면 30일 이내에 결과를 알려준다.

지금 이 순간에도 수많은 기업이 회의를 하고 있다. 대부분 업무 시간의 상당 부분을 회의에 투자하고 있지만 회의 참가자들은 자신들의 의견이 제대로 반영되지 않으며 시간 낭비라고 생각한다. 몇몇 사람의 일방적이고 강압적인 의견 전달과 형식적인 참석에 그치고 있기 때문이 아닐까? 회의는 단순히 의견 발표나 정보 전달 등 일방적인 커뮤니케이션에 그쳐서는 안 된다. 글로벌 경쟁이 가속화되고 있는 오늘날, 기업들은 다양한 문제 해결을 위해 보다 창의적인 아이디어와 전략적인 해결 방법을 도출하지 않으면 도태될 수밖에 없다.

타운미팅은 탁월한 문제 해결력으로 성과를 높일 수 있는 미팅 프로세스다. GE는 20여 년 전부터 좀 더 효과적인 커뮤니케이션과 문제 해결을 위해 새로운 회의 문화를 만들어왔다. 대표적인 예가 워크아웃 타운미팅이다. 최근 많은 기업이 지식을 창조하고 변화를 주도하는 새로운 기업 문화를 만들기 위해 타운미팅 기법을 도입하고 있다. 많은 기업이 벤치마킹하는 데는 다 그만한 이유가 있는 법이다.

테슬라의 7가지 회의 Tip

테슬라와 스페이스X의 창업자 일론 머스크(Elon Musk)는 생산성을 중요시하기로 유명하다. 그는 직원들에게 자신의 7가지 생산성 향상 팁을 공지했다. 하나하나 살펴보도록 하자.

1. 대규모 회의는 사람들의 시간을 낭비한다.
지나친 회의는 큰 회사들의 고질병이며, 시간을 낭비하는 경우가 많다. 회의가 모든 참석자(일부가 아닌)에게 가치를 주지 못한다면 하지 않는 것이 좋다. 해야 한다면 매우 짧게 하라.

2. 급한 게 아니라면 회의는 자주 하지 말라.
정말 긴급한 일이 아니라면 회의를 자주 할 필요가 없다. 급한 일만 해결되면 여러 사람이 모일 필요성이 줄어들면서 회의 빈도수도 감소하게 된다.

3. 회의에서 해야 할 일이 끝났다면 곧바로 떠나라.
더 이상 가치를 얻을 수 없다는 것이 분명하다면 회의를 끝내거나 통화를 종료하라. 이는 전혀 무례한 행동이 아니다. 오히려 다른 사람들을 억지로 회의실에 있게 하면서 시간 낭비를 하는 것이 무례한 행동이다.

4. 헷갈리는 용어를 사용하지 말라.
테슬라의 업무를 진행할 때는 일반적으로 쓰이지 않는 단어는 사용하지 말라. 설명이 필요할수록 의사소통 시간은 더욱 늘어나게 된다. 우리는 외부 사람들이 테슬라의 용어를 시간을 내 따로 암기하는 것을 원치 않는다.

5. 권위적인 구조 때문에 업무 효율이 떨어져서는 안 된다.
커뮤니케이션은 효율을 떨어뜨리는 지휘 계통(관습적인 업무 보고 순서, 결재 라인 등)이 아니라 해당 업무를 가장 빠르게 완료할 수 있는 최단의 경로로 이루어져야 한다. 불필요한 위계질서를 중요시하는 매니저는 곧 자리를 옮기게 될 것이다.

6. 누군가와 연락해야 한다면 직접 하라.

문제가 발생하는 주요 원인은 부서 간 부족한 의사소통이다. 이를 해결하기 위해서는 사람들 간의 정보 흐름이 자유로워져야 한다. 대화를 요청하는 사람과 요청받은 사람의 태도도 중요하다. 부서 간 일을 처리하기 위해 차장급이 다른 직원에게 이야기해야 하고, 이를 부장급에게 그리고 임원급에게 말해야 한다면 정말로 능률이 떨어지지 않을까?

7. 어리석은 규칙은 따르지 말라.

상식을 가이드(기준)로 잡아라. 만약 특정 상황에서 회사의 규칙을 따르는 것이 딜버트 만화(미국의 유명한 직장인 풍자 만화)처럼 보일 것 같다면, 그 규칙은 바꾸는 게 맞다.

043

회의는 10분 전
참석이 원칙

회의는 말 그대로 한 가지 특정 이슈에 대해 관련 있는 사람들이 모여 문제 해결 방법을 논의하는 것이다. 당신의 상사가 "이야기 좀 하자", "잠시 모여"라고 한다면 이는 회의를 하자는 뜻이며, 기본적으로 2인 이상이 모여 이야기를 나누는 것을 회의라고 할 수 있다.

회의에 참석하는 사람은 크게 두 부류로 나뉜다. 회의에 일찍 오는 사람과 늦게 오는 사람! 회의에 일찍 오는 사람은 어떤 주제로 대화를 나눌지 미리 파악하고 준비할 수 있다. 10분이면 충분하다. 어떻게 10분 만에 가능하냐고 반문할 수도 있지만 실제로 회의에 참석해보면 회의 시작 전 10분 동안 분위기에 적응하면서 충분히 이슈를 정리할 수 있다.

늦으면 양보할 것이 많아진다

반면 회의에 늦게 오는 사람은 헐레벌떡 문을 열고 들어와 미안해하며 뒷자리에 앉는다. 게다가 늦게 왔으니 그전에 이야기된 내용들은 무조건 따라야 하고, 무언가를 강력하게 주장할 때는 늦게 왔으면서 말이 많다는 핀잔을 들을 각오를 해야 한다.

적어도 10분 전에는 회의장에 도착해야 한다는 것을 명심하라. 회의에서 오가는 내용을 잘 이해하지 못하더라도 일단 태도 점수는 잘 받을 수 있다. 필자는 신입사원 때 10분 지각해 9시 10분에 회사에 도착한 적이 있다. 그런데 그날따라 팀장님이 9시 정각에 회의를 소집했고, 지각을 한 필자는 회의에 참석하지 못했다. 혼자 사무실에 앉아 회의가 끝나기만을 기다렸는데 그 시간이 엄청나게 길게 느껴졌다.

기억하라. 회의는 10분 전 참석이 원칙이다! 정각도 안 된다!

044

인생은 네고

옆 부서 일본 담당자가 항상 버릇처럼 하던 말이 있다.

"인생은 네고, 삶은 계란." (필자는 아직도 이 말의 뜻을 잘 모르겠다.)

비즈니스에서 협상은 상충하는 목표를 가지고 당사자들이 서로 협력할 수 있는 조건을 구축하는 과정으로 정의할 수 있다. 즉, 협상은 나와 상대방 같이 양 당사자 또는 3인 이상의 당사자가 모여 협력할 수 있는 조건을 찾는 과정이다.

> **협상의 정의**
> 두 사람 또는 두 사람 이상의 당사자가 상호 이해의 충돌 또는 마찰을 해결하기 위해 대화라는 방법을 통하여 공동 결정을 내리는 절차

협상의 사전적 의미를 알아보자. 협상을 뜻하는 'negotiation'의 어원은 라틴어 'Negotium'으로, 'neg(아니다)'와 'otium(여가 시간)'의 합성어다. 그렇게 생겨난 협상이라는 단어는 합의 조건을 찾는 관점을 갖고 상의하기,

해결하기, (원하는 결과를) 이끌어내기 등을 의미하게 되었다.

협상은 늘 서로 협력하는 관계로 마무리되는 것이 아니다. 어떨 땐 한쪽에서 상대방의 동의를 구하지 않고 독단적으로 협상 테이블을 떠나기도 하고, 서로 협상을 했어도 당사자들이 손해를 보는 경우가 발생할 수도 있다. 그렇기 때문에 협상의 기본적인 구조를 파악하고 대응 방안을 미리 숙지해 상대방의 행동에 따라 적절하게 행동하고 협상 전략을 구상해야 한다. 이것이 바로 비즈니스를 수행하는 사람이 갖추어야 할 업무 스킬이다.

신입사원이라면 외부 업체 또는 유관부서와 협상할 기회가 많지는 않다. 그렇기 때문에 협상 스킬을 제대로 익히지 못한 상태에서 대리, 주임 등으로 진급하게 되는 경우가 많은데, 이런 상태에서 중요한 협상에 임하면 상대방에게 일방적으로 끌려다닐 수도 있다.

협상의 구성 요소

옆 부서 러시아 담당자가 해준 말이 생각한다. 러시아에서는 비즈니스 협상을 할 때 책상 위에 총을 올려둔다고 한다. '모든 것을 테이블 위에 올려놓고 협상한다'라는 말이 러시아에서는 이렇게 살벌하게 적용되는 듯하다. 그의 말이 사실인지 믿을 수는 없지만 그런 협상 자리도 있지 않을까 싶다. 지금부터 협상에 대해 좀 더 자세히 알아보도록 하자.

협상의 물리적 요소

• **협상 장소:** 운동 경기를 할 때 '홈그라운드' 이점이 있는 것과 마찬가지로 협상을 할 때도 자기 영역에서 진행하는 것이 유리하다는 인식이 지배적이다. 이러한 이

유로 중립적인 장소를 택하거나 서로의 영역에서 교대로 협상을 진행하는 경우가 많다.

- **회의장 배치:** 협상 장소가 협상 과정과 결과에 영향을 미치는 것처럼 회의장의 물리적인 배치도 협상 결과에 영향을 미친다. 특히 국제회의와 같이 회의장 준비가 당사자들의 국력과 국제적 지위를 과시하는 수단으로 이용될 때는 회의장 배치 문제는 매우 중요한 전략적 의미를 갖게 된다.

- **대화 채널:** 협상에서 대화 채널(직접 대면, 전화 통신, 문서 통신 등 대화 통로)의 효과적 활용은 협상에 긍정적 영향을 미친다. 그렇지 못한 경우에는 대화의 결여 또는 부재로 부정적인 작용을 하면서 불신과 경쟁심을 조장한다.

- **시간:** 협상은 공간뿐 아니라 시간이라는 차원에서 진행되는 과정이기 때문에 시간을 중시해야 한다. 그러나 협상자들은 협상 전략, 정보 분석 등에는 신경을 많이 쓰나 시간은 등한시하는 경우가 많다. 시간은 협상 결과를 좌우하는 변수로 작용하므로 중요 요소로 다루어야 한다.

협상의 3대 변수

협상은 양측이 서로 원하는 것을 얻기 위해 대화를 하는 과정이기 때문에 변수가 있을 수도 있다. 이러한 변수를 수식으로 표현해보면 다음과 같다.

Negotiation = ƒ(P. I. T)
P: Power(특정 상황에서 사람이나 사건에 영향을 가할 수 있는 능력)
I: Information(현실에 대한 평가와 의사결정에 영향을 미치는 사실)
T: Time(협상에는 언제나 마감 시간이 있고, 결론 도출은 그 직전에 이루어진다. 상대방의 마감 시간을 알면 절반은 이긴 것과 다름없다.)

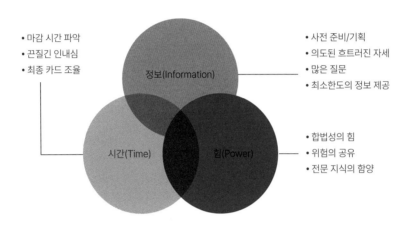

- 마감 시간 파악
- 끈질긴 인내심
- 최종 카드 조율

정보(Information)

- 사전 준비/기획
- 의도된 흐트러진 자세
- 많은 질문
- 최소한도의 정보 제공

시간(Time) 힘(Power)

- 합법성의 힘
- 위험의 공유
- 전문 지식의 함양

협상을 주도하기 위해서는 이와 같은 3대 변수를 통제할 수 있어야 한다. 즉, 상대보다 '유용한 정보를 얼마나 많이 획득하느냐', '얼마나 시간을 잘 활용하고 확보하느냐', '얼마나 많은 힘을 가지고 있느냐'의 관점에서 협상을 준비하고 계획하면 협상의 목표를 더욱 효과적으로 달성할 수 있다.

협상 프로세스

협상 프로세스는 크게 예비 단계, 협상 단계, 협상 타결 단계로 나뉜다. 이 과정에서는 대비책과 기준의 범위가 설정된다. 지금부터는 협상 프로세스별로 준비해야 할 사항과 알아두면 좋은 것들을 설명하도록 하겠다.

아이스 브레이킹(Ice Breaking)

아이스 브레이킹은 협상 시작 전에 필수적인 요소다. 날씨 이야기나 가벼운 농담으로 분위기를 부드럽게 만들어놓을 필요가 있다. 아이스 브레이킹은 협상 테이블에서 처음 만난 당사자는 물론, 반복해서 협상을 진행하는 당사자에게도 필요하다. 단, 민감할 수 있는 정치나 종교에 관한 이야기는 피하는 것이 좋다.

프레젠테이션(Presentation)

논의할 안건에 대해 당사자 중 일방이 현재 상황 또는 기본적으로 정리된 입장 등을 요약해 발표한다. 이 발표를 통해 양측은 협상에서 논의할 주제를 함께 정리하고 협상을 진행할 수 있다. 이때 양측 담당자 중 누가 먼저 발표를 해도 상관없지만 협상에서 유리한 위치를 차지하고 싶다면 먼저 발표하는 것이 도움이 된다. 이슈를 주도적으로 이야기함으로써 자신들에게 유리한 방향으로 대화를 이끌어나갈 수 있기 때문이다.

BATNA

BATNA(배트나 또는 바트나)는 'Best Alternative To a Negotiated Agreement'의 약어로, '협상 결렬 시 내가 가지고 있는 차선책'을 의미한다. 쉽게 말하면 '여기까지는 양보할 수 있다' 하는 내용을 BATNA라 할 수 있다.

BATNA의 효과 1. 믿는 구석 제공

협상자에게 BATNA가 있으면 없을 때보다 훨씬 자신감 있게 협상을 진행할 수 있다. BATNA는 한마디로 '믿는 구석'이기 때문이다. '만약 이 협상이 제대로 안 되면 어떻게 해야 하지?'라는 불안감을 없애주는 효과가 있다.

BATNA의 효과 2. 협상의 객관적 기준 파악

BATNA의 중요한 기능은 협상의 본래 목적을 깨우쳐준다는 데 있다. 자신의 BATNA를 정확히 알고 있으면 그보다 나은 제안 사항은 받아들이고, 반대의 경우에는 협상 결렬을 판단할 수 있다.

ZOPA

ZOPA는 합의 가능 지역(ZOPA, Zone of Possible Agreement)을 의미하는 용어로, '결코 물러설 수 없는 선'이라고 생각하면 된다. 예를 들어보자. 중고차를 사고자 하는 A씨의 희망 매수 가격은 1,000만 원이지만 1,100만 원까지 지불할 용의가 있다. 반면 중고차를 팔고자 하는 B씨는 1,100만 원을 한계선으로 잡고 1,200만 원을 희망 매도 가격으로 생각하고 있다. 흥정이 시작되자 B씨는 먼저 적어도 1,300만 원은 받아야 한다고 이야기하고, A씨는 1,000만 원이면 구입하겠다고 이야기한다. B씨는 다시 1,100만 원까지는 값을 낮추어줄 수 있다고 하고, A씨도 그 가격을 받아들인다. 그렇게 거래가 성사된다. 이 경우 물건을 사려는 A씨의 ZOPA는 1,100만 원이다. 그 가격 이상이면 사지 않겠다고 생각한 것이다. B씨의 ZOPA 역시 1,100만 원이다. 그 가격 이하로는 팔지 않겠다고 생각한 것이다. 그림으로 표현해보면 다음과 같다.

1,000만 원	1,100만 원	1,200만 원
A씨의 희망 매수 가격	A씨의 ZOPA(합의 가능 지역) B씨의 ZOPA(합의 가능 지역)	B씨의 희망 매도 가격

만일 A씨는 1,100만 원까지 지불할 용의가 있지만 B씨의 ZOPA가 1,150만 원이라면 이 협상은 결렬되고 만다. 서로의 합의 가능 지역이 겹치는 구간이 없기 때문이다.

유용한 협상 기법들

미끼(Decoy) 전략

미끼 전략은 협상 초반에 상당히 무리한 요구(A조건)를 하는 방법이다. 협상 후반에 이르러 A조건을 완화시켜줄 테니 B조건을 받아들여달라고 요청하면 대부분 B조건을 받아들인다. 이 경우 A조건을 무리하게 제시한 협상 담당자는 정작 A조건에는 관심이 없고 B조건이 받아들여지는 것에만 관심이 있었을 수도 있다. 상대방이 무리하다 싶은 조건을 제시하는 경우 이런 식의 미끼 전략을 구사하는 것은 아닌지 점검해봐야 한다.

끼워넣기(Nibbling) 전략

늦은 밤 재고 처리를 하는 상점에 찾아가 사과를 10개 살 테니 한 개만 더 달라고 요구하면 대부분의 주인은 그 제안을 받아들인다. 이와 같이 협상이 마무리될 때 '이것만 추가적으로 합의해주세요'라고 요구하는 것이 끼워넣기 전략이다. 긴 시간 동안 협상에 임해온 상대방은 작은 것 하나로 처음부터 다시 협상하고 싶지 않은 마음에 큰 이슈가 아니면 승낙하는 경우가 많다. 만약 상대방이 협상 막판에 이런 식으로 끼워넣기를 요구한다면 우리 측에서도 마지막 끼워넣기를 해 '상호양보의 원칙'을 강조해야 한다.

**Common Sense Dictionary
for Rookies**

8

여덟째 마당

보고와 프레젠테이션, 소심해도 괜찮아

보고는 알파와 오메가

직장인은 참 좋은 직업이다. 보고하는 일만 없으면 말이다. 보고만 하지 않는다면 다음 생에도 직장인을 할 수 있을 것 같다.

좋은 결과만 보고하게 된다면 참으로 좋겠지만 그렇지 않은 경우가 많다. 그래서 어렵다. 보고 중간에 확인이 제대로 안 된 상황이 발생하기도 하고, 보고서에서 오탈자가 발견되는 경우도 있다. 또한 업무 진행이 잘된 경우에는 이메일로 보고해도 되지만 업무에 문제가 발생한 경우에는 대면보고를 해야 하므로 부담감이 생기기도 한다.

'직장생활은 보고로 시작해서 보고로 끝난다'라는 말이 있다. 알파이면서 오메가인 것! 보고는 앞으로 계속 수행해야 할 업무이니 이번 기회를 통해 더욱 자세히 알아보도록 하자. 그리고 보고가 더 이상 부담스러운 업무로 느껴지지 않도록 보고 습관을 키워보도록 하자.

보고의 종류

보고는 내용과 방법, 시점에 따라 분류된다.

내용에 따른 분류

① **업무보고:** 담당 부서의 업무 현황을 상급자 또는 새로 온 사람에게 설명하는 것

② **현황보고:** 문제가 발생한 경우에 많이 사용되며, 발생한 문제의 원인, 내역, 대응 방안을 포함한다.

③ **계획보고:** 업무의 실행 계획을 세워 보고하는 것

방법에 따른 분류

① **대면보고:** 직접 얼굴을 마주보고 보고하는 것

② **서면보고:** 이메일, 메신저, 메모 등 문서와 글을 통해 보고하는 것

③ **유선보고:** 전화, 문자 메시지를 통해 보고하는 것

④ **구두보고:** 서면보고와 대치되는 개념으로, 대면보고와 유선보고처럼 구술로 보고하는 것

시점에 따른 분류

① **최초보고:** 업무 지시를 받을 때 하는 보고로, 지시 사항이 이행 가능한지, 일정이 적정한지 등의 의견을 내는 것

② **중간보고:** 업무 진행 상황을 보고하는 것으로, 수시로 이루어져야 한다.

③ **결과보고:** 업무의 진행 결과를 보고하는 것으로, 매 업무마다 이루어져야 한다.

회사생활을 천국으로 만들어주는 보고 시스템

앞서 설명했듯 보고는 내용, 방법, 시점에 따라 분류된다. 이 중 가장 중요한 것은 시점에 따른 분류, 즉 최초-중간-결과보고의 연속작용이다. 톱니바퀴처럼 잘 물려 있으면 회사생활은 천국과 같지만 그렇지 않으면 매일매일이 지옥이다.

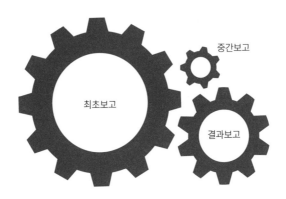

하나씩 알아보자. 이 부분만 잘 알아두어도 본전을 뽑은 것과 다름없다. 심지어 내용도 어렵지 않다.

최초보고

업무 지시를 받았을 때 "언제까지 납품해야 하나요?" 또는 "3일 정도 걸릴 것 같습니다"와 같이 시간을 확인받는 작업이다. 보고라는 명칭이 이상하게 느껴진다. 부서장에게 "이 건은 언제까지 완성되어야 해'라는 보고를 받는 과정이라 할 수도 있기 때문이다. 즉, 최초보고는 지시받은 업무에 대한 시간 계획을 미리 확인하는 과정이라 할 수 있다. 지시를 받자마자 무조건 "네, 알겠습니다"라고 힘차게 대답하면 그날 저녁부터 "완성됐어?"라는 질문을 받게 될지도 모른다. 최초보고는 강아지에게 "기다려!"라고 명령하는 것처럼 부서장에게 기다리라고 이야기하는 것과 같다고 이해하면 된다.

중간보고

현재 진행 상황을 보고하는 것으로, 가장 중요하지만 하기 싫은 보고라 할 수 있다. 보고서 작성을 지시받았다고 가정해보자. 3일이면 될 것 같다고 최초보고를 했다. 그 후 3일 동안 아무 말 없이 혼자 보고서를 작성한 뒤 짜잔! 하고 보고서를 제출하면 부서장이 "역시! 3일 만에 해냈군. 정말 멋져!"라고 칭찬해줄까? 아마도 오탈자 지적부터 시작해 내용이 엉성하다는 둥 온갖 트집을 다 잡을 것이다. 만약 최초보고를 한 저녁이나 다음 날 오전에 "보고서 초안을 이렇게 잡아봤습니다"라고 말하며 부서장에게 보여줬다면 어땠을까? 부서장은 "여기에 이 내용을 추가하는 것이 좋겠어", "구성을 이렇게 바꿔보는 것이 어떨까?"와 같이 적절한 피드백을 해줄 것이다. 피드백을 받았으니 나머지 작업은 크게 어렵지 않게 진행할 수 있다. 3일째 되는 날 부서장은 보고서가 완성되었냐고 독촉하지도 않을 것이다. 이미 자신이 피드백을 해줬기에 일이 어떻게 진행되고 있는지 잘 알고 있기 때문이다.

결과보고

업무가 어떻게 마무리되었는지 보고하는 것으로, 작성한 보고서를 이메일로 보낼 수도 있고, 인쇄해 부서장의 책상에 올려둘 수도 있고, 함께 보고서를 보며 설명을 덧붙일 수도 있다. 힘들게 완료한 업무를 잠시 자랑하는 시간이라 생각하면 된다. 한 가지 중요한 것은 이메일로 결과보고를 했다면 "팀장님, 보고서 작성이 끝나 이메일로 발송했습니다"라고 이야기해야 한다. 그렇지 않으면 "그거 아직이야?"라는 질문을 받게 될 것이다. 질문을 받은 후에야 "아, 이메일로 발송했습니다"라고 답하면 부서장이 "그래, 내가 미처 확인을 못했어. 미안하네"라고 이야기할까? 그보다는 "다 했으면 다 했다고 말을 해야지!"라는 짜증 섞인 목소리를 들을 가능성이 크다.

보고는 참 어렵다. 좋은 소식을 전하는 보고는 언제 해도 상관없지만, 나쁜 소식을 전하는 보고는 언제 해도 힘들다. 상사와 얼굴을 마주하고 싶지 않다면, 상사가 업무 간섭을 하는 것이 싫다면 오히려 보고를 더 자주해야 한다. 그러면 싫어하는 상사가 당신에게 말을 거는 횟수가 현저히 줄어들 것이다.

046

보고 잘한다는
소리 듣는 방법

같은 내용이라도 어떻게 보고하느냐에 따라 상대방의 반응이 달라진다. 이왕이면 보고 잘한다는 소리를 듣고 싶지 않은가? 다음 3가지 방식을 참고하기 바란다.

결론 우선의 원칙

보고를 받는 사람은 시간을 허투루 쓰는 것을 매우 싫어한다. 그러니 우선 관심 사항이나 핵심 사항부터 보고하고, 부차적인 사항은 그 후에 보고하는 것이 좋다. 이를 '결론 우선의 원칙'이라 한다. 정리하면 보고는 결론-이유-경과순으로 진행해야 한다. 문학은 기-승-전-결의 이야기 구조를 가지고 있지만 실제 업무에서 기승전결은 시간을 낭비하는 요인, 핵심을 흐리는 요인이 되기도 한다. 그러니 결론과 핵심부터 이야기하는 습관을 기르도록 하자.

대안 준비

단순한 현황보고부터 복잡한 계획보고까지 보고자는 해당 사항에 대한 대안을 생각하고 있어야 한다. 예를 들어, 어떠한 이슈가 발생하여 원인과 현황을 준비해 보고하라는 지시를 받았다면 여기에 더해 현 상태에서 담당자가 생각하는 대안까지 미리 준비해야 한다. 그 대안이 옳은지, 옳지 않은지는 부서장이 판단할 것이다.

뭔가 문제가 있을 때 그 문제에 대해 그리고 그 해결책에 대해 가장 많은 지식을 가지고 있는 사람은 바로 담당자다. 그런데 담당자에게 "어떻게 하는 것이 좋겠나?"라고 물었는데 "글쎄요"라는 답이 돌아온다면 화가 치밀 수밖에 없다. "A안과 B안이 있습니다. 이 중 A안이 문제를 조금 더 효율적으로 해결하는 방법인 것 같습니다"라고 이야기한다면 부서장은 A안과 B안 모두 좋은 방법이 아니더라도 최소한 담당자가 그 건을 깊이 고민하고 있다는 생각에 만족스러운 미소를 지을 것이다.

"하나도 모르겠어요. 어떻게 해야 할까요?"라고 물어보는 것은 무책임해 보인다. '난 정말 하나도 모르겠어. 당신이 내게 해결 방안을 알려줘'라는 뜻으로 오해받을 수 있다. 이런 오해가 생기지 않도록 하기 위한 가장 좋은 방법은 방금 이야기한 '대안 준비'다. 준비한 대안이 틀렸다 하더라도 아무 생각 없이 있었던 것보다는 훨씬 낫다.

적시성의 원칙

보고는 최소한 보고가 필요한 시점에는 이루어져야 하고, 가급적이면 필요 시점 이전에 완료해야 한다. 이것을 '적시성의 원칙'이라고 하는데, 적시성을 잃은 보고는 조직의 효율성을 떨어뜨리는 요인이 된다. 다음과 같이 적시성이 떨어지는 상황은 피해야 한다.

- 리더가 물어봐야 그제야 그에 대한 대답을 하는 경우
- 리더의 윗사람이 물어봤는데, 리더가 내게서 그에 대한 보고를 받지 못해 제대로 보고하지 못한 경우
- 장기간 동안 이루어지는 업무의 진행 상황을 리더가 모르는 경우
- 문제가 발생했으나 직접 처리해보겠다고 시간을 보내는 동안 그 문제가 리더에게 전달되어 리더가 당황하는 경우

멋진 어휘를 사용해 말하거나 보고서를 작성해야 보고를 잘하는 것이 아니다. 최초-중간-결과보고를 적합한 시기에 잘하는 것이 무엇보다 중요하다. 리더 입장에서는 수시로 찾아와 보고해주는 담당자가 참으로 고맙다. 특별히 신경 쓰지 않아도 일이 어떻게 진행되고 있는지 알고 있다면 굳이 담당자를 불러 현재 상황을 캐물을 필요가 없다. 앞서 이야기했듯 부서장의 얼굴을 자주 마주하고 싶지 않다면 오히려 자주 보고를 해 나에게 신경 끄도록 만들자.

고객이 좋아하는 보고,
고객이 싫어하는 보고

상황

고객이 A제품을 구매했는데 결함이 발견되어 B제품으로 교환해주어야 한다. 그런데 연휴가 끼어 있어 3일 이내는 어렵고 5일 정도 시간이 걸릴 것이라는 내용을 고객에게 보고해야 한다.

① 고객이 좋아하는 보고

자사: 고객님, 말씀해주신 대로 교환이 처리될 예정입니다.

고객: A제품 반품 말씀이시죠? (처리된다는 사실에 우선 안심됨)

자사: 네, 그런데 대단히 죄송하게도 연휴가 끼어 있어 5일 정도 걸릴 듯합니다.

고객: 괜찮습니다. 고맙습니다. (처리된다는데 그쯤이야.)

② 고객이 싫어하는 보고

자사: 고객님, 제품 교환을 신청하셨나요?

고객: 네, 맞아요. (결함이 발견되었다는 사실이 다시 떠오름)

자사: 연휴가 끼어 있어 3일 이내 처리는 조금 어렵습니다. 죄송합니다.

고객: 네, 그럼 얼마나 걸릴까요? (결함에 이어 시간도 지체된다는 말에 불만이 커짐)

자사: 제품 교환은 5일 정도 걸릴 듯합니다.

고객: 그렇게나 오래 걸리나요? (불만이 더욱 커짐)

자사: 연휴가 끼어 있어 그러니 이해해주세요.

고객: 네, 알겠습니다. 서둘러주세요. (제품+기간에 대한 불만이 최고조에 달함)

리더를 편하게 해주는 보고 요령

① 상사가 선호하는 방식을 확인하라.

서면보고를 선호하는 사람이 있고 대면보고를 선호하는 사람이 있다. 업무를 지시한 상사가 어떤 방식을 선호하는지 파악해 맞춤식으로 보고하는 것이 좋다. 대면보고를 좋아하는 상사에게 이메일로 보고서를 전송한다면 상사는 보고서를 읽어보기도 전에 표정이 일그러질지도 모른다.

② 중요한 내용을 보고할 때는 서면으로 작성하라.

상사가 아무리 똑똑해도 한 번 듣고 모든 것을 숙지할 수는 없다. 따라서 중요한 사항이나 기록으로 남겨야 하는 사항은 서면으로 작성하는 것이 좋다.

③ 구두보고라도 참고 자료를 준비하라.

구두보고를 하더라도 그래프 등을 미리 준비하여 상사에게 보여주며 보고해야 한다. 구두보고라도 모든 것을 말로 처리할 수 있는 것은 아니다.

④ 상사가 부재중이라면 전화, 메신저 등으로 보고서 제출 소식을 알려라.

이메일로 보고서를 제출했는데 상사가 자리를 비웠다면 전화, 메신저 등의 방법으로 소식을 알려야 한다. 상사가 실시간으로 이메일을 확인할 수 없는 상황이라면 보고서가 완료되었는지 모를 수 있으므로 "그 보고서는 대체 언제 완료되는 거야?"라는 연락을 받게 될 수도 있다. 기억하자. 보고는 내가 편하자고 하는 것이기도 하다.

047

프레젠테이션,
준비가 만사

프레젠테이션(이하 'PT')은 말 그대로 '발표'를 의미한다. 드라마를 보면 어두운 회의실에서 주인공이 화면에 자료를 띄워놓고 당당한 목소리로 무언가를 설명하고, 다른 사람들은 고개를 끄덕이며 주인공의 말에 집중한다. 당신이 하게 될 PT도 이와 크게 다르지 않다. 조금 다른 게 있다면 앉아 있는 사람들의 표정이 늘 밝지만은 않을 것이라는 사실이다.

PT는 준비가 만사다. 준비만 잘하면 된다. PT는 준비가 90%, 실행이 10%다. 준비만 잘한다면 사람들 앞에 서서 발표하는 것이 그렇게 어렵지 않을 것이다.

PT는 준비가 생명

PT를 잘한다는 것은 PT 문서가 잘 준비되었다는 것을 의미한다. 발표는 그냥 거들 뿐이다. PT에 대해 이야기할 때 빠지지 않고 등장하는 인물이 있다. 주인공은 바로 지금은 이 세상에 존재하지 않는 애플의 전설적인 CEO 스티브 잡스(Steve Jobs)다. 그는 신제품을 출시할 때마다 PT를 했는데 그 모습에 전 세계 사람들이 열광했다. 그런데 만약 PT 문서가 엉망이었다면 PT의 전설 스티브 잡스도 어쩔 도리가 없었을 것이다. 그렇다면 어떤 문서가 잘 준비된 문서인 것일까? 하나하나 알아보도록 하자.

글자 크기와 폰트

생각보다 글자 크기를 실수하는 사람이 많다. PC에서 PPT(파워포인트)로 문서를 작성할 땐 잘 몰랐는데 스크린에 실제 문서를 띄워보면 글자가 너무 작은 경우가 있다. 회의실에서 스크린을 보는 사람은 물론이고 발표자도 읽을 수 없을 정도로 글자가 작으면 절대 안 된다. PT용 문서를 만들 때는 글자를 큼직하게 해 제일 뒷자리에서도 읽을 수 있게 해야 한다. 그러기 위해서는 불필요한 형용사, 부사, 표현 등은 모두 빼고 핵심 키워드만 압축해 적어야 한다.

폰트도 가끔 실수하는 사람이 있다. 내 PC에서는 지원되는 폰트가 공용 노트북이나 회의실 노트북에서는 지원되지 않는 경우가 있다. 폰트가 달라지면 같은 크기의 글자라 하더라도 가로세로 비율이 달라진다. [파워포인트 글꼴 포함 저장] 기능을 사용하면 이러한 참사를 예방할 수 있다. PPT에서 [홈] → [옵션]을 클릭하면 [PowerPoint 옵션]이 있는데 여기서 [저장]을 클릭하면 저장 옵션을 통해 글꼴까지 포함해 저장하는 것이 가능하다.

PT 문서 구성 방법

기뻐하라! PT 문서를 구성하는 방법은 전 세계적으로 비슷하다. 이번 회사에서 PT 문서 구성 방법을 잘 익혀두면 어느 회사에 가든 잘 활용할 수 있을 것이다. 혹시 파워포인트나 엑셀에 소질이 있다 싶으면 강좌 동영상을 촬영해 수익을 얻을 수도 있다. 자, 그럼 지금부터 PT 문서의 구성 방법을 자세히 알아보자.

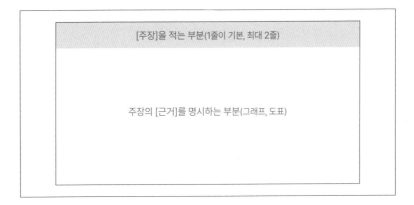

문서 상단에는 1~2줄로 간단하게 주장을 적고, 하단에는 주장의 근거를 데이터로 제시한다. 끝! 너무 간단해서 섭섭할 정도다. 혹시 여기서 무언가 익숙한 것을 느꼈는가? 그렇다. 바로 '주장+근거'의 조합이다. 앞서 논리적 사고의 핵심은 '주장+근거'가 서로 호흡을 잘 맞추는 것이라고 설명했다. 여기서도 마찬가지다. PT 문서 상단은 주장, 하단은 근거 제시가 기본이다.

다음 삼성전자의 발표 자료를 보자. 상단에는 '강력한 재정 실적'이라고 적혀 있고, 하단에는 시장점유율(Market Share)과 매출액(Revenue) 그래프가 있다. '우리의 재정 실적은 매우 좋습니다'라고 주장하며 그에 대한 근거로 시장점유율과 매출액을 제시했다.

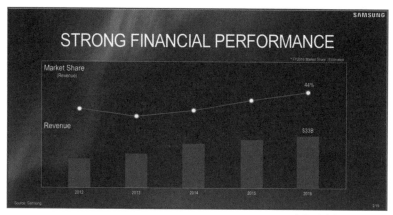

출처: 삼성전자 IR 발표 자료

이러한 기본 구성 외에도 '2주장+2근거'의 조합을 많이 사용한다. '1주장+1근거'에 비해 시각적으로 안정된 느낌을 주고 성의껏 준비했다는 인상을 주기 때문이다.

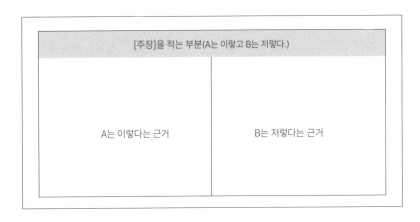

주장 부분에 'A는 이렇고 B는 저렇다'라고 이야기한다면 당연히 그에 대한 근거도 A에 대한 것과 B에 대한 것 모두 나와야 한다. 예를 들어보자. A회사에서 매출은 상승하고 있는데 이익은 줄어들고 있다는 내용을 발표하려면 매출 그래프는 왼쪽에, 이익 그래프는 오른쪽에 넣어 근거로 활용하면 된다. 자, 실제 사례를 보자.

출처: 삼성전자 IR 발표 자료

주장 부분을 보면 'TV는 14년간 1등을 했습니다. 냉장고는 9년간 1등을 했습니다'라고 적혀 있다. 그에 대한 근거로 왼쪽에는 TV의 매출 추이 그래프를, 오른쪽에는 냉장고의 매출 추이 그래프를 넣었다. 2가지 주장을 했으니 2가지 근거를 제시한 것이다.

문서만 잘 작성하면 PT 준비는 90% 끝났다고 보면 된다. 이미 당신은 PT의 달인이다. 이제 잘 마무리해 다른 사람들 앞에 서서 자신 있는 목소리로 발표하는 일만 남았다. 다음 장에서는 이왕이면 좀 더 멋있게 발표하는 방법을 소개하도록 하겠다.

발표 테크닉을 익혀라

앞서 PT는 준비가 90%, 실행이 10%라고 이야기했다. 자, 10% 실행 부분에서는 2가지만 기억하면 된다. (일반적으로) 발표자는 화면 오른쪽에 서 있어야 한다는 것과 포인터는 문장 끝을 가리켜야 한다는 것! 하나씩 살펴보도록 하자.

발표자의 위치

드라마를 한창 재미있게 보고 있는데 누군가가 화면을 가리면 어떤 기분이 들겠는가? 발표를 듣는 사람도 마찬가지다. 누군가가 화면을 가리면 퍽 난감하다. 오른손잡이라면 스크린의 오른쪽 끝에 위치해야 한다. 그래야 레이저 포인터로 화면을 가리킬 때 상대방에게 등을 보이지 않으면서 자연스럽게 발표할 수 있다. 왼손잡이라면 화면의 왼쪽에 서서 발표하면 된다. 터치스크린 TV를 사용할 때도 마찬가지다. 오른손잡이라면 화면 오른쪽에서 오른손으로 터치해야 하고, 왼손잡이라면 화면 왼쪽에서 왼손으로 터치해야 한다.

올바른 발표자의 위치	잘못된 발표자의 위치
오른손잡이는 화면 오른쪽에서 오른손을, 왼손잡이는 화면 왼쪽에서 왼손을 들고 있다.	오른손잡이는 화면 왼쪽에서 뒤돌아서서 오른손을, 왼손잡이는 화면 오른쪽에서 뒤돌아서서 왼손을 들고 있다.

발표자가 적합하지 않은 위치에 서서 사람들에게 등을 보이면서 화면까지 가린다면 공들여 발표 자료를 만든 것이 무색해지지 않을까? 사람들이 그 어떤 방해도 받지 않고 자료를 살펴볼 수 있도록 배려해야 한다.

포인터는 문장 끝에

학교에서 공부를 할 때 주요 단어나 문장에 밑줄을 긋거나 동그라미를 마구 그리지 않았는가? 이처럼 형광펜 기능을 어지럽게 사용하거나 포인터로 동그라미를 그려대며 PT를 하는 사람이 있다. 본인은 그런 의도를 가지고 있지 않더라도 PT를 보는 사람들은 정신이 하나도 없을 것이다. 지금부터 이상적인 포인터, 형광펜 기능을 알아보자.

- 문장 마침표가 있는 곳에 포인터의 빨간 점을 두고 해당 문장을 읽는다. 빨간 점은 '지금 이 부분을 발표 중입니다'라는 표시를 해주는 역할을 하므로 굳이 밑줄을 그어가며 문장을 읽을 필요가 없다.
- 주요 단어나 그래프 등의 자료를 설명하는 경우, 주요 단어의 오른쪽 끝과 그래프의 오른쪽 끝에 포인터를 위치시킨다.
- 손을 덜덜 떨면 포인터의 빨간 점도 흔들린다. 빨간 점이 움직이지 않도록 미리 연습해두는 것이 좋다.

사회초년생이라면 이 정도만 알아두어도 훌륭한 PT를 할 수 있다. 연차가 더 쌓이면 더욱 많은 PT 기술을 익히게 될 것이다. 청중에게 감동을 주는 방법, 아이 콘텍트하는 방법, 목소리 톤 조절하는 방법 등 앞으로 배워야 할 것이 많다. 회사생활에 조금 더 익숙해지면 그때부터 조금씩 연습을 시작하도록 하자.

PT할 때 하면 안 되는 말
- "사람들 앞에서 말하는 것이 익숙하지 않아서……."
- "준비한 것이 별로 없어서……."
- "방금 생각난 것입니다만……."
- "왜 저를 이 자리에 부르셨는지 잘 모르겠습니다."
- "귀중한 시간을 빼앗아 정말 미안합니다."
- "충분히 준비하지 못해 죄송합니다."

Common Sense Dictionary
for Rookies

9

아홉째 마당

나를 더욱 돋보이게 해줄 문서 작성 노하우

문서 작성 능력이
진짜 능력

직장인들은 보고서, 기획서, 품의서 등 매우 많은 문서를 만들어낸다. 문서 작성 업무만 없다면 조금 살만할 텐데 현실은 바뀔 기미가 보이지 않는다. 텅 빈 엑셀파일, PPT 화면을 보면 두렵기까지 하다.

문서의 종류

문서의 종류는 매우 다양하다. 각종 보고서, 제안서, 기획서, 품의서 등 문서마다 이름도 다르고 역할도 다르다.

보고서

무언가를 보고하는 문서다. 정기적으로 작성하는 정기보고서와 필요시마다 작성하는 비정기보고서로 구분된다. 정기보고서는 반복되는 일상 업무('루틴 업무'라고도 한다) 위주로 작성하고, 비정기보고서는 이벤트가 있을 때마다 작성한다. 보고서는 주로 현황 위주로 정리하는 경우가 많다.

- **정기보고서:** 일일/주간/월간/분기/반기/연간보고서
- **비정기보고서:** 출장/회의/연수/사고보고서

기획서

어떠한 일을 새로 시행하고자 할 때 승인을 받기 위한 문서다. 말 그대로 무언가를 기획하는 것으로, 직장인들이 가장 어려워한다. '계획보고서'라고도 불리며, 프로젝트 규모가 큰 경우 부서 단위로 작성하기도 한다.

제안서

기획서와 비슷하다. 차이가 있다면 기획서는 주로 회사 내부에서 '이런 걸 해봅시다!'라는 성격을 갖고, 제안서는 다른 회사에 '우리와 이걸 함께해 보지 않을래?' 하고 물어보는 성격을 갖는다.

품의서/기안서

'미니 기획서'라고 생각하면 된다. 품의서는 주로 예산을 집행하기 전에 '이런 업무에 이 정도의 돈을 써도 되겠습니까?' 하고 물어보는 문서다. 필자는 처음 품의서라는 용어를 접했을 때 '품의'가 무슨 뜻인지 몰랐다. 품의는 '여쭐 품(稟)' 자와 '의논할 의(議)' 자를 사용한다. 그렇다면 기안서는? 예산을 사용하지 않는 경우에는 보통 기안서라고 하는데, 품의서와 기안서를 구분하지 않고 사용하는 회사도 있다.

3가지 종류의 보고서

보고서는 크게 3가지로 분류할 수 있다. 첫째, 지시에 의해 작성하는 보고서, 둘째, 필요성을 인식해 자발적으로 작성하는 보고서, 셋째, 일상적으로 작성하는 보고서. 물론 보고서를 작성하지 않는 것이 가장 행복하겠지만 현실은 그렇지 못하니 하나하나 잘 익혀두기 바란다.

지시에 의해 작성하는 보고서

부서 회의를 통해서나 상사의 개별적인 업무 지시로 보고서를 작성해야 할 때가 있다. 업무능력이 뛰어난 실무자라면 상사의 지시가 없어도 보고서의 필요성을 느끼고 보고서 작성을 시작하지만 그런 사람은 매우 드물다. 보통은 지시가 내려지면 그때 작성을 시작한다. 보고서 작성 지시를 받으면 가장 먼저 언제까지 완료해야 하는지 확인해야 한다. 기간을 정하지 않고 보고서 작성을 마냥 미루다 싫은 소리를 듣지 않도록 하자.

필요성을 인식해 자발적으로 작성하는 보고서

실무 경험이 쌓이면 어느 시점에 어떤 내용으로 보고서를 작성해야 하는지 알게 된다. 현업에서 일하다 문제가 발생했을 때 문제점 보고 및 해결 방안을 위한 보고서 작성의 필요성을 느끼기도 한다. 지시는 없었지만 스스로 필요성을 느껴 보고서를 작성한다면 주변 사람들로부터 일에 대한 열정을 인정받게 될 것이다. 수동적이 아닌 능동적인 자세로 업무에 임하고 싶다면 지시가 떨어지기 전에 보고서 작성을 시작하기 바란다.

일상적으로 작성하는 보고서

일간, 주간, 월간, 분기 등 시기에 맞춰 작성해야 하는 보고서들이 있다. 이러한 보고서들은 새로운 내용을 요구하지 않기 때문에 작성 자체에는 큰 어려움이 없다. 다만 보고서 작성을 누락하지 않도록 업무 조절을 할 필요가 있다.

우리나라 기업은 누군가가 새로운 아이디어를 제시하면 "그거 좋은데? 자네가 생각했으니 직접 추진해봐" 하는 분위기다. 잘되면 부서장이 칭찬받고 그렇지 않으면 담당자가 질책받는 구조이기도 하다. 그렇기에 최대한 새로운 일을 만들지 않으려고 노력하는 직장인이 많다. 필요성을 인식해 자발적으로 보고서를 작성하고자 할 때를 생각해보자. '지금 하고 있는 일도 벅찬데 새로운 일까지 맡을 수 있을까'라는 생각에 머리가 복잡해질 것이다. 자신의 한계를 확인하고 싶다면 새로운 일을 많이 기획하고 추진해보기 바란다. 단련이 되면 나중에 다른 회사에서 보다 편하게 일할 수 있을 테니까.

필자가 그랬다. 2년 정도 혼자서 몇 사람의 일을 하다 이직을 했는데 업무량이 확 줄어든 듯한 기분이었다. '이렇게 조금만 일하고 월급을 받아도 되나?' 싶을 정도였다. 기억하자. 지금은 힘들어도 단련이 되면 이후가 편하다는 사실을! 지금은 힘들고 불편하게 일을 배우도록 하자. 편한 직장이 당신을 기다리고 있다.

050 좋은 보고서 vs. 나쁜 보고서

좋은 보고서

내용이 정확한 보고서

보고서는 핵심 내용을 정확하게 전달해야 하므로 군더더기 없이 필요한 내용만 담아야 한다. 참고해야 할 사항이나 자세한 데이터는 보고서의 흐름이 끊기지 않도록 첨부 또는 별도로 작성하는 것이 좋다. 특히 보고서 유형, 보고자 수, 보고받는 사람이 원하는 정보 등을 종합적으로 고려해 보고받는 사람의 눈높이에 맞게 작성하는 것이 바람직하다.

요점이 명확한 보고서

무엇인가를 주장하고자 할 때는 그에 대한 명확한 근거를 준비해야 한다. 대안을 제시하는 보고서라면 각 대안별로 예상되는 기대효과나 장단점을 명시해야 한다.

보기 좋은 보고서

단지 색이 화려하고 서체가 예쁜 보고서를 뜻하지 않는다. 논리에 따라 잘 구성되어 있고 넘버링이 되어 있는 체계적인 보고서를 말한다. 문장이 3줄 이상으로 길어지는 경우 적절한 접속사를 사용해 문장을 끊어주어야 보고서가 보기 좋다.

다른 문서를 찾아볼 필요가 없는 보고서

보고서가 그 자체로 완결성을 가져야 한다는 의미다. 보고서에 '자세한 내용은 일전에 제출한 보고서를 참고해주시기 바랍니다'라는 식으로 서술한다면 다른 보고서를 찾아 내용을 다시 확인하느라 시간과 업무력이 낭비될 수 있다.

흥미를 유발하는 보고서

같은 내용의 보고서라도 흥미를 유발시킨다면 더 좋은 보고서라 할 수 있다. 그렇다면 어떤 방법을 사용할 수 있을까? 첫째, 숫자를 사용하라. 예를 들어, '매출 극대화 방안'이라는 제목보다는 '매출 50% 신장을 위한 3가지 방안'이 더욱 흥미롭게 느껴진다. 사람들은 숫자가 들어간 문장에 더욱 집중하는 경향이 있다. 둘째, 기대효과를 포함시켜라. 보고서 마지막 부분에 '○○ 방안'과 같이 작성자의 의견을 따를 경우 얻을 수 있는 기대효과를 서술하면 보고받는 사람은 그 부분을 더욱 집중해 읽을 것이다. 이때 기대효과를 숫자로 표현한다면 더욱 훌륭한 보고서가 된다. '그로 인해 시간 낭비를 줄일 수 있습니다'보다는 '그로 인해 시간 낭비를 10% 줄일 수 있습니다'가 더욱 흥미를 유발하지 않는가?

나쁜 보고서

전문 용어와 약어를 지나치게 많이 사용한 보고서

업무 중에 사용하는 전문 용어나 약어는 가급적이면 사용하지 않는 것이 좋다. 작성자와 부서장은 그 의미를 안다 해도 그 보고서가 유관부서나 외부에 전달되는 경우 혼돈을 일으킬 수도 있기 때문이다. 그러한 일을 방지하기 위해 전문 용어나 약어를 사용할 경우에는 괄호를 활용해 그 의미를 별도로 설명할 필요가 있다.

예를 들어 전자제품 업계에서는 '사실상의 표준'이라는 뜻으로 'D. F. S를 추진하겠다'라는 표현을 많이 사용한다. DFS는 'De Facto Standard'의 약어인데, 이러한 의미를 모른다면 Duty Free Shop(면세점)으로 생각할 수도 있다.

모든 지식을 다 넣어 만든 보고서

분량이 많아야 잘 작성한 보고서라고 생각하는 사람들이 있다. 하지만 관련 있는 모든 사항을 늘어놓으면 결국 무엇을 보고하고자 하는 것인지 핵심을 파악하기가 어렵다. 중국집 메뉴판을 보면 엄청나게 많은 음식 이름이 적혀 있는데, 역설적으로 메뉴가 너무 많으면 음식을 고르기 힘든 경우가 있다. 보고서도 마찬가지다. 모든 것을 담기보다는 보고되어야 할 사항, 지침을 받아야 할 사항 등 핵심적인 내용만 담아야 한다.

끝까지 읽어야 하는 보고

보고를 받는 사람이 시간적인 여유가 있다면 보고서를 천천히 읽어보겠지만, 중간관리자 이상은 본인의 업무는 물론이고 부서원들의 업무도 확인해야 하므로 보고서 하나에 많은 시간을 들일 수 없다. 따라서 보고서를 작성할 때는 관리자가 시간을 낭비하지 않고 핵심을 빨리 파악할 수 있도록 결론을 먼저 제시하고, 그다음에 그에 대한 근거나 이유를 서술하는 것이 바람직하다.

단순한 통보 형태의 보고서

보고서는 정보 전달의 역할을 하지만 어떤 경우에는 사건, 사고를 보고하면서 지침을 받기 위해 그에 대한 대응책을 작성하기도 한다. 그런데 이때 오직 한 가지 대응책만 명시하고 '무조건 이렇게 해야 합니다'라는 식으로 서술하는 사람이 있는데, 결코 옳지 않다. 다른 선택권 없이 작성자의 의견대로만 해야 한다는 식의 보고서는 보고가 아닌 일방적인 통보로 보일 수 있다. 어떠한 대책, 대안 등을 제시하는 보고서를 작성할 때는 보고를 받는 사람이 선택할 수 있도록 최소 2개 이상의 대안을 준비하고 서술하는 것이 바람직하다.

타이밍을 놓친 보고서

보고서를 완벽하게 작성하기 위해 필요 이상으로 시간과 노력을 들이는 사람이 있다. 보고서에 정성을 들이는 것 자체는 문제될 것이 없지만 자칫 필요한 보고 시점을 놓칠 수도 있으므로 유의해야 한다. 예를 들어 2023년 1월 1일까지 제출해야 하는 보고서라면 아무리 늦어도 그날까지는 제출해야 한다. 완벽을 기하기 위해 다음 날인 2023년 1월 2일에 제출한다면 그 보고서는 타이밍을 놓친 최악의 보고서라 할 수 있다. 특히 의욕이 왕성한 신입사원이 업무능력을 인정받고 싶은 마음에 이런 실수를 하는 경우가 많은데 절대로 그래선 안 된다.

기획서 작성 요령

기획서는 정답이 없다. 새로 무언가를 기획해 '이거 합시다!'라는 내용으로 결재권자를 잘 설득하면 된다. 기획서를 읽은 부서장이 '사인하고 싶어 미치겠어'라는 생각이 들게 하면 성공이다. 업무 관련 안내서들을 보면 기획서 작성을 위한 몇 가지 단계를 소개하는데, 맞는 말이긴 하지만 현실성이 떨어지는 경우가 많다. 당장 발등에 불이 떨어졌는데 언제 개념을 명확히 하고 언제 아이디어 발상을 하겠는가. 나중에 여유가 생겨 느긋하게 업무를 할 수 있게 되면 그때 '교과서스러운 기획서 작성 프로세스'를 따르도록 하고, 그렇지 않은 경우에는 '급한 당신을 위한 기획서 구성 항목'을 참고하기 바란다.

교과서스러운 기획서 작성 프로세스

기획서 작성 프로세스

단계	설명
개념의 명확화	기획의 포인트라고 여겨지는 것을 우선적으로 명확하게 결정한다. 기획 단계에서는 누가 어떤 것을 원하는지 파악해 문제 해결을 위한 단서 및 전개 방법을 도출한다.
정보 수집과 정리/분석	기획의 포인트를 인식한 뒤 접근 방법 및 아이디어 발상을 위한 자료를 주제별, 내용별로 분류해 체계적으로 분석한다.
아이디어/발상	수집된 자료를 토대로 창의적이면서 실현 가능한 아이디어를 도출한다. 이때 브레인스토밍 등의 아이디어 발상법을 사용한다.
기획서 작성	문제를 해결하기 위한 구체적인 수행 방법 및 프로세스를 작성한다.
PT	작성한 기획안을 토대로 클라이언트 및 실질적인 수행 책임자에게 해당 기업의 가치, 문제 해결 방안 등을 설득하기 위한 PT를 진행한다.

개념의 명확화

문제나 대안을 발견했다면 아이디어를 구체화시켜야 한다. '이렇게 하면 좋을 것 같다'에서 '이러하기 때문에 이것이 필요하다'로 발전시켜야 한다. 좋은 아이디어를 실행 가능한 아이디어로 바꾸는 것이 기획서 작성의 첫 번째 프로세스다.

정보 수집과 정리/분석

떠오른 아이디어를 논리적으로 설명할 수 있도록 필요한 자료를 모으는 단계다. 수치로 표현된 근거 자료를 기본으로 하며, 경쟁사의 동향, 시장 상황 등의 부가적인 자료들을 정리한다. 이 단계에서 중요한 것은 아이디어를 뒷받침해줄 수 있는 자료를 찾아야 한다는 것이다. 완벽하게 정리된 자료를 찾는 일은 결코 쉽지 않으므로 가장 어려운 단계라 할 수 있다. 경우에 따라서는 자료를 찾고 구성하는 데 비용이 발생하기도 한다.

자료를 찾는 대표적인 경로들
- 신문/잡지
- 단행본
- TV, 라디오
- 세미나, 강연회
- 전시회
- 학회/학회지/학회세미나
- 사람: 컨설턴트, 학자, 전문가, 동업자, 경쟁자
- 관공서, 금융기관
- 인터넷/데이터 서비스
- 도서관

출처: 《한국의 기획자들》

아이디어/발상

최초 단계의 아이디어를 기반으로 자료를 수집하고 분석하는 과정에서 얻은 아이디어를 수정하고 가공하는 단계다. 최초 아이디어가 100% 완벽하다면 이 단계는 생략해도 되지만 대부분의 경우 자료를 통해 아이디어가 조금씩 수정된다. 그리고 동료 또는 관리자들과 함께 회의를 하면서 아이디어가 더욱 구체화되기도 한다.

기획서 작성

정리된 아이디어를 문서로 옮기는 이유는 나의 아이디어를 다른 사람들이 볼 수 있도록 하기 위함이다. 그렇기 때문에 내가 아닌 기획서를 읽고 실행에 옮길 조직구성원들을 고려해 기획서를 작성해야 한다. 이때 아이디어를 시각화시켜 한눈에 이해할 수 있도록 작성하는 것이 중요하다. 시각화를 위해선 주로 그래프와 도표를 사용한다. 또한 기획서에는 결재를 받았을 때 필요한 실시 계획과 필요한 경비 사항이 포함되어 있어야 한다.

급한 당신을 위한 기획서 구성 방법

지금부터는 기획서를 어떻게 구성하면 좋을지 살펴보도록 하자.

표지	머리말	목차	요약	배경/ 분석	목적	기대 효과	콘셉트	기본 전략	실시 계획	일정	예산	첨부 자료
도입부				**본론부**						**결론부**		

① 도입부(서론)

- **표지:** 표지에는 기획의 제목과 누가, 언제 기획서를 작성했는지를 적는다. 표지는 단순히 표지의 역할만 하는 것이 아니다. 그 기획서가 읽어볼 만한 가치가 있는지 판단하는 대표적인 구성 요인이다. 예를 들어보자. 표지에 '매출 활성화 방안'이라고 적혀 있는 기획서와 '매출 전년 대비 15% 증대 방안'이라고 적혀 있는 기획서가 있다면 어느 쪽에 먼저 손이 가겠는가. 아마도 후자가 더욱 마음을 끌어당기지 않을까?

- **머리말:** 머리말에는 인사말과 기획의 경위 등을 간단하게 명시한다. 분량은 1/2페이지가 넘지 않도록 짧게 작성하는 것이 좋다. 머리말이 너무 길면 더 이상 머리말이 아니다. 부서 내 기획서라면 생략 가능하다.

- **목차:** 앞으로 전개될 목차를 보여준다. 이때 대제목, 중제목, 소제목이 각각 다른 크기로 적혀 있어야 한다. 모두 같은 크기로 한다면 문서와 발표 흐름을 빠르게 예측하기 어렵다. 대제목 〉중제목 〉소제목의 순서로 크기가 달라야 한다.

- **요약:** 요약은 매우 중요하다. 업무에 미숙한 직원의 경우 문서를 만들어놓고 요약을 하지 않는 경우가 있는데 앞으로는 그러지 말자. 특히 경영진이 읽는 보고서라면 반드시 'Executive summary'라는 제목으로 요약 페이지를 만들어야 한다. 그 이유는 간단하다. 의사결정자는 두꺼운 기획서를 하나하나 꼼꼼하게 읽을 시간적 여유가 없을 수도 있다. 만약 요약 페이지를 제공한다면 전달하고자 하는 핵심 메시지를 빠르게 알려줄 수 있다.

② 본론부

- **배경/분석:** 여기서부터 본론이 시작된다. 프로젝트를 시작하게 된 배경과 분석 내용을 정리한다. 특히 배경에서는 프로젝트가 필히 실시되어야 하는 당위성을 얻을 수 있어야 한다. 배경에는 '현재의 문제를 해결하기 위해서' 또는 '앞으로 성과를 더 높이기 위해서'와 같이 이유를 명확히 명시해야 하고, 분석에는 현재 상태, 앞으로 예상되는 문제점 등이 들어가야 한다.

- **목적:** 프로젝트를 진행하는 목적을 명기한다. 회사의 경영 방침, 사업 계획, 경영 전략 등에 일조할 수 있는 목적을 가지고 있음을 강조해야 한다. 회사가 성장을 목표로 나아가고 있는 상황이라면 매출을 올리는 것이 당위성을 가지는 프로젝트가 될 것이다. 만약 회사가 위험관리, 원가 절감 등을 통한 수익 창출, 손실 최소화 등의 전략 목표를 가지고 있다면 그에 맞는 원가 절감 방안이 당위성을 가질 수 있다.

- **기대효과:** 의사결정자가 가장 크게 관심을 갖는 부분이다. '그래서 얼마를 더 아낄 수 있는가?', '그래서 매출을 얼마나 더 올릴 수 있는가?' 등에 대한 해답을 제시하는 부분이기 때문이다. 이때 유형적 효과와 무형적 효과를 동시에 작성하면 MECE의 원칙에도 맞고 의사결정자를 더욱 효과적으로 설득할 수 있다.

- **콘셉트:** 기획의 핵심 아이디어를 설명하는 부분이다. 기획의 배경과 기대효과까지 명시되었으므로 지금부터는 해당 기획안이 어떠한 아이디어를 가지고 어떠한 것을 준비하고자 하는지 설명한다.

- **기본 전략:** 기획의 콘셉트와 함께 어떻게 프로젝트를 성공시킬 것인지 '전략'을 정리하는 부분이다. 해결 방안을 보충하기 위해 제2, 제3의 대안도 함께 정리하는 것이 좋다.

- **실시 계획:** 실시 계획은 프로젝트의 세부적인 실시 사항과 그에 따른 책임자, 책임 부서를 명시하는 조직화 계획이 핵심이다.

③ 결론부

- **일정:** 프로젝트의 시간 계획을 설명한다. 너무 급박하게도, 너무 느슨하게도 잡지 않는 것이 좋다. PT를 진행하고 결재를 받는 시점부터 실행 계획이 시작되는 것으로 계획을 세워야 한다.

- **예산:** 프로젝트를 추진하기 위해 어느 정도의 예산이 필요한지를 분석하는 부분이다. 가급적이면 충분하게 예산을 잡아 프로젝트를 수행하는 동안 예산이 부족해 다시 결재 서류를 올리는 일이 없도록 하는 것이 좋다.

- **첨부 자료(유첨이라고도 함):** 기획서에 담지 못한 근거 자료나 이후에 알아두어야 할 사항을 유첨으로 작성한다. 핵심적이지 않은 자료는 첨부 형태로 뒤로 보낸다고 생각하면 된다.

1page 기획서 작성 방법

기획서를 비롯해 대부분의 문서는 '결재를 득한다'라는 목적을 가지고 있다. 즉, 문서가 의사결정자에게 읽히고 결재를 받아야 문서로서의 가치를 다할 수 있다는 의미다. 그런데 문서를 끝까지 살펴보았음에도 핵심을 파악하기 어려운 경우가 있다. 페이지 수가 많은데 핵심 내용이 뒷부분에 담겨 있거나 불필요한 자료가 지나치게 많이 나열되어 정작 핵심 내용이 주목받지 못하는 경우가 많다. 1page 기획서는 이러한 문제를 극복하고자, 의사결정자가 검토하는 시간을 줄여주고자 고안된 방법이다. 즉, 1page 기획서는 전달하고자 하는 핵심 내용만 담은 기획서를 말한다.

기본 구성과 세부 구성

기본 구성

1page 기획서의 기본 구성은 다른 기획서와 크게 다르지 않다. 다른 점이 있다면 소제목 또는 도표를 통해 전달하고자 하는 메시지를 압축하는 것이다. 사내에 A라는 혁신 프로그램을 도입해야 한다는 기획서를 작성한

다고 가정하자. 보통의 기획서는 현재 사내 프로그램의 문제점, 새롭게 도입될 프로그램의 장점, 기대효과를 종합적으로 분석해 서술한다. 하지만 1page 기획서는 '사내 혁신 프로그램 도입'이라는 제목에 '혁신적 조직 문화 장착을 위한 방안'이라는 부제를 붙이고 도표를 사용해 현 상황과 기대효과를 짧게 압축해 설명하는 방식을 택한다.

세부 구성

1page 기획서에 들어가야 할 항목은 다음과 같다.

1. 제목
2. 부제
3. 목표
4. 2차 목표
5. 논리적 근거
6. 재정
7. 현재 상태
8. 실행
9. 작성일
10. 작성자

① 제목: 핵심 메시지

제목에는 기획하고자 하는 내용의 핵심 메시지가 담겨야 한다. 구체적이지 않은 제목, 추상적인 제목, 본문 내용과 동떨어진 제목은 절대 안 된다. 예를 들어 무언가를 새로 시작하고자 하는 기획서라면 'OO 실행 방안', 'OO 실행 계획'과 같이 제목을 붙여야 하고, 원가를 절감하거나 비용을 줄이고자 하는 기획서라면 '○○ 절감 방안', '○○ 절감 계획'과 같이 제목을 붙여야 한다. 참고로 제목은 완전한 문장이어야 할 필요는 없다.

② 부제: 제목에 대한 추가 설명 및 기대효과

부제는 제목의 필요성과 당위성을 뒷받침해주는 중요한 역할을 한다. 부제를 통해 기대효과를 미리 언급할 수 있기 때문이다. 제목이 '○○ 실행 방안'이라면 부제는 '○○를 향상시키기 위한 방안' 또는 '○○ 10% 상승 목표 달성을 위한 방안'과 같이 제목에 이어 바로 '기대효과'를 연상할 수 있도록 문구를 작성해야 한다.

③ 목표: 기대효과에 대한 설명

부제에서 짧은 문구를 통해 기대효과에 대한 호기심을 자극했다면 목표에는 서너 개 항목으로 '이 기획서대로 실행하면 얻을 수 있는 효과는 이렇습니다' 하는 내용이 담겨야 한다. 이때, 압축된 형태로 길지 않게 서술해야 한다.

④ 2차 목표: 추가적인 기대효과 서술

만약 목표 항목에 수치로 나타나는 정량적인 기대효과를 서술했다면 2차 목표에는 정성적인 기대효과를 서술하는 것이 좋다. 목표 항목에서 '매출 15% 신장' 또는 '시장점유율 3% 상승'과 같이 기대효과를 제시했다면 2차 목표에는 '매출 신장에 따른 브랜드 이미지 제고' 등과 같은 2차 목표 서술이 가능하다.

⑤ 논리적 근거

주장을 뒷받침해줄 논리적인 근거를 제시하는 항목이다. 이 역시 압축된 표현으로 정리해야 한다. 데이터나 자료를 세부적으로 제시하는 동시에 1~2줄 정도의 짧은 문장으로 실행해야 하는 이유를 밝힌다.

⑥ 재정: 예산에 대한 설명

기획서에 필수적으로 들어가야 하는 항목이다. 어느 정도의 비용이 필요한지에 대한 정보가 있어야 의사결정이 가능하기 때문이다. 재정 역시 짧게 압축할 수 있어야 한다.

⑦ 현재 상태: 준비 완료된 사항들

현재까지 기획 목적을 달성하기 위해 준비된 사항들을 나열한다. 단순히 '승인해주시면 준비해 시작하겠습니다'가 아닌 '현재 기본적인 준비는 마쳤습니다. 승인해주시면 곧바로 시작할 수 있습니다'라는 메시지를 전달하고자 하는 항목이다.

⑧ 실행: 협조 요청 사항

실행하게 되면 어떤 사항들이 필요한지에 대해 설명한다. 전사적으로 시행되어야 할 프로젝트라면 부서별로 행동해야 할 사항들을 명시하고, 부서 단위로 시행되어야 할 프로젝트라면 부서원별로 행동해야 할 사항들을 명시한다.

⑨ 작성일: 기획서를 작성한 날짜 기재

누락할 경우 프로젝트 승인일이 언제인지 알 수 없게 된다.

⑩ 작성자: 기획 담당자 기재

누락할 경우 누가 주관이 되어 프로젝트를 진행하는지 알 수 없게 된다. 작성일과 작성자는 누락하기 쉬운 항목이니 마지막까지 꼼꼼하게 점검해야 한다.

조직 활성화를 목표로 하는 혁신프로그램 제안

패배주의에 함몰되지 않도록 강력한 사내 혁신 프로그램으로 도전 정신 함양을 목표로 함

목표: 2015년 전사원 대상 혁신 마인드 함양 교육 실시

- 성공체험을 체득할 수 있는 최고의 프로그램개발 개발
- 조직의 혁신을 위한 의식변화가 가능하도록 최고 프로그램 평가
- 사내에서 이야기의 화두가 될 수 있는 창의적인 프로그램 개발

현재 우리회사의 분위기는 전년도에 사업계획 대비 달성률이 12% 부족하여 전체적으로 침체적인 분위기에 있다. 이런 상황에서 조직문화는 성공보다는 패배와 복지부동의 자세를 유지하려는 쪽으로 형성되고 있다. 경영진에서도 치열한 시장경쟁과 A사의 신규진출로 시장점유율이 하락하고 있다는 점을 어쩔 수 없는 현상으로 받아들이고 있다.
현상황을 개선하기 위해서는 단순한 개선이 아닌 개혁과 창조적 파괴의 조직 개혁이 요구되는바, 이러한 개혁을 위해서는 우선 조직문화부터 활성화시킬 필요성에 제기되는 상황이다.

현재의 조직문화를 개선하고 조직의 전구성원이 같은 비전을 공유할 수 있는 혁신적인 프로그램이 필요함

소요 비용	• 기존 프로그램 개발비 1000만원 • 신규 프로그램 개발비 1500만원 예상 　- 교수 자문료 500만원 　- 교재 제작비 500만원 　- 연수원 대여 500만원	기존 비용대비 교수자문료 500만원 추가
현재 상태	• 프로그램에 필요한 교육 내용 조사 완료　(2014년 11월) • 각 부서별 프로그램 제작 참여 인원 선정 완료 (2014년 12월)	승인과 동시에 제작 시작 가능

실행(협조 사항):
1. 각부서 : 부서 전 인원 참석 가능하도록 교육 계획 수립 요망
2. 경리부 : 프로그램 개발 비용 1500만원 집행 가능하도록 내부 결재 준비 요망

2015. 1. 1.
㈜ABC 교육부 홍길동

문서 작성, 노빠꾸를 위한 실전 Tip

문서에서 사소한 실수를 찾아낸 뒤 트집을 잡으며 '빠꾸'시키는 관리자가 의외로 많다. 뭐 대단한 실수라면 그러려니 하겠는데 오탈자, 항목 번호 붙이기, 페이지 수 같은 것에 대단히 예민들 하시다. 어렵게 작성한 문서가 사소한 실수로 빠꾸당하는 일이 없도록 잘 점검할 필요가 있다.

발표 문서에는 되도록이면 마침표를 붙이지 말라

정규 교육을 잘 받은 사람은 문장 끝에 마침표를 붙여야 한다는 사실을 잘 알고 있다. 이 책 역시 문장이 끝날 때마다 마침표를 열심히 찍고 있다. 하지만 회사 보고서를 작성할 때는 되도록이면 마침표를 생략해야 한다. 이상하게도 스크린에 띄워놓은 문서에서 마침표가 보이면 분노를 느끼는 사람이 있다. 그 이유를 유추해보면 일명 '개조식(a.k.a 음슴체)'을 사용하는 경우가 많기 때문인 듯하다.

다른 사람에게 읽어보게 하라

문서와 전혀 관련 없는 사람들에게 자신이 작성한 문서를 읽어보게 하는 것이 좋다. 장기나 바둑을 생각해보자. 플레이어보다 옆에서 훈수를 두는 사람이 길을 더 잘 보는 경우가 많다. 이와 마찬가지로 문서를 작성한 내 눈에는 보이지 않는 오탈자 등이 다른 사람의 눈에는 잘 보일 수 있다.

다른 사람이 문서를 다 읽었다면 무슨 내용인지 알겠느냐고 물어야 한다. 작성이 잘된 문서는 한 번만 읽어보고도 어떤 것을 주장하고 싶은지, 그에 대한 근거는 무엇인지 잘 파악할 수 있기 때문이다. 이해관계나 사전 지식이 없는 사람이라도 한 번 읽어보고 '이런 이야기구나' 하고 알 수 있는지 반드시 확인해야 한다. 그 사람이 제대로 이해했다면 그 문서를 검토할 사람도 쉽게 이해할 수 있을 것이다.

문서에 양념을 뿌려라

텍스트만 가득한 문서는 괜히 읽기가 싫다. 문서 중간중간에 표, 그래프와 같은 양념을 뿌려야 제맛이 난다. 더불어 가독성이 높아지고 좀 더 정교한 문서처럼 보일 수 있다. 다음은 미국의 기준금리 인상에 관한 기사다. 오직 텍스트로만 정리되어 있다.

4일 금융투자업계에 따르면 미국 연방준비제도(연준·Fed)는 당분간 큰 폭의 금리 인상을 지속하면서 올해 말 연방기금 목표 금리의 최종 수준 전망치를 2.75%에서 3.50%로 수정했다. 특히 미국 연준은 오는 7월 연방공개시장위원회(FOMC)에서 50~75bp(1bp=0.01%포인트) 인상이 유력시된다.

앞서 지난달 15일(현지 시간) 연준은 FOMC 정례회의를 마친 뒤 기준금리를 0.75% 포인트 인상한다고 밝혔다. 연준이 자이언트 스텝에 나선 것은 1994년 이후 약 28년 만이다. 이에 따라 미국 기준금리는 0.75~1.00%에서 1.50~1.75% 수준으로 상승 했다. 제롬 파월 연준 의장은 FOMC 직후 기자회견에서 높은 인플레이션을 언급한 뒤 "다음 회의에서 0.5%포인트 또는 0.75%포인트 인상이 가장 유력해 보인다"라 고 말했다.

출처: 《아주경제》 2022년 7월 4일자

읽고 싶은가? 아니, 읽었을 때 내용이 머리에 잘 들어오는가? 다음은 텍 스트를 표로 정리한 것이다.

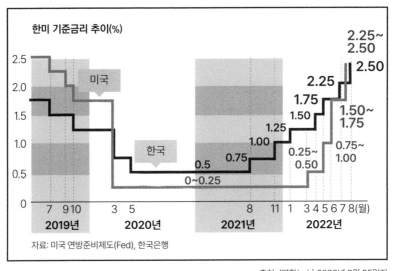

자료: 미국 연방준비제도(Fed), 한국은행

출처: 《연합뉴스》 2022년 8월 25일자

문서 중간에 이렇게 표나 그래프, 사진 등을 넣어주면 읽기가 훨씬 수월해진다. 조금 수고스럽긴 하지만 텍스트만 가득한 문서보다는 결재를 득할 가능성이 높다.

문서 작성 오답노트

일종의 문서 작성 오답노트를 만들어보았다. '이러면 안 되는 구나' 하는 포인트를 잘 확인해보기 바란다. 문서를 보는 순간 답답함과 짜증이 확 밀려오는 경우가 있다. 본인이 그렇게 느꼈다면 남들도 크게 다르지 않을 것이다.

색 사용의 문제

배경색과 유사한 글자색을 사용하면 눈의 피로도가 증가한다. PPT로 문서를 작성하는 경우 시각화를 위해 다양한 색을 활용하는 것이 좋다. 특히 정교한 PPT 문서는 보는 사람의 집중도를 높일 수 있다. 하지만 과유불급! 너무 과하면 부족한 것만 못하게 된다. 다음은 잘못된 색을 사용한 문서의 예시다.

- **조언:** 원색 계열을 많이 사용하면 눈의 피로도가 높아질 수 있으므로 바탕은 가급적 흰색 또는 검정색을 사용하는 것이 좋다.

공간 배치의 문제

다음 문서를 보자. 네모 박스 부분만 스크린에 나오고 글자의 일부는 화면에 나오지 않는다. 이런 실수를 하는 이유는 PPT 문서 작성자의 모니터에는 화면에 나오는 부분과 나오지 않는 부분이 특별히 구분되지 않기 때문이다. 이러한 실수를 하지 않기 위해서는 PPT 문서를 작성한 후에 반드시 전체 화면 모드를 실행해봐야 한다.

• **조언:** PPT 문서를 완성하면 반드시 슬라이드 쇼를 실행시켜보아야 한다. 애니메이션 기능을 사용했다면 더욱 주의 깊게 살필 필요가 있다.

글자 배치의 문제

다음은 한 교육 담당자가 우스이 유키가 집필한 《1일 1매 기획서를 쓰는 힘》을 요약한 문서다. 10개의 법칙이 일목요연하게 정리된 점은 돋보이지만 이 문서가 화면에 뜬다면 글자가 너무 많아 읽기 힘들 듯하다. 가독성을 높이고자 한다면 핵심 단어는 크게, 나머지는 작게 하는 것이 좋다. 그래서 매 법칙마다 '법칙1', '법칙2'와 같이 나열했는데 제목 자체에 '법칙'이란 단어가 있으니 1, 2, 3으로만 표기해도 내용을 이해하는 데 무리가 없다. 그리고 글자가 그림 일부를 가리고 있는데, 이는 집중력을 분산시키는 요인으로 작용할 수도 있다.

4. 일이 10배나 즐거워지는 기획의 법칙!

법칙1 한정된 시간을 복수의 목적에 활용한다
법칙2 일석이조 법칙을 활용하라
법칙3 남의 머리를 빌린다
법칙4 월급을 시급으로 환산해보라!
법칙5 일이 잘되는 시간대를 파악한다
법칙6 15분간 집중적 사고를 습관화한다
법칙7 실패의 시간에서 빨리 빠져나와라!
법칙8 싫은 일일수록 빨리 처리하라!
법칙9 오늘을 긍정하라, 그리고 숙면하라!
법칙10 소화할 수 있는 정보만 최소 단위로 수집한다

- **조언:** 글자 또는 항목이 많은 경우에는 카테고리화하거나 핵심 단어가 잘 보이도록 글자 크기를 조절하는 것이 좋다.

054

폴더명과 파일명은
부끄럽지 않게

외근을 나갔는데 동료가 다급하게 전화를 걸어 "홍길동 씨, 이번 달 생산 계획 변경 사항 파일이 급하게 필요한데 어디에 있나요?"라고 물었다고 가정하자. 그럴 때 "네, 바탕화면 '하기 싫은 일' 폴더에 들어가면 '죽일 놈들' 파일이 있어요. 거기서 확인해보세요"라고 대답해야 한다면 민망하지 않을까? 파일명도 마찬가지다. 엑셀이나 PPT 문서 제목은 말 그대로 문서 제목이어야 한다. 뜬금없이 '우용표 최고', '우용표 최최고'와 같이 작성하면 곤란하다.

폴더명은 질서에 맞게

폴더명은 질서에 맞게 카테고리별로 정리하는 것이 좋다. 공장에서 생산관리를 하는 담당자라면 [생산]-[생산관리]-[부산공장]-[2023년]-[1월]과 같이 정리할 수 있다. 위에서부터 차근차근 내려오면서 폴더를 클릭하면 파일을 쉽게 찾을 수 있다. 만일 이런 식의 구분 없이 막연하게 [생산관리]라는 폴더 하나에 모든 것을 다 집어넣는다면 공장별로, 년도별로 자료를 찾아야 할 때 시간이 오래 걸린다. 업무의 효율성을 끌어올릴 수 있는 폴더 정리 습관을 기를 필요가 있다.

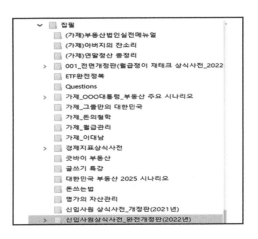

이는 필자의 PC에 저장되어 있는 집필 관련 폴더들이다. 책별로 나열해 놓았다. 지금 글을 쓰고 있는 이 원고는 맨 아래에 위치한 [신입사원상식사전_완전개정판(2022년)] 폴더에 저장되어 있으며, 파일명은 [PART9 문서작성_2022년07월11일_001.hwp]다. 각종 파일을 바탕화면에 다 저장해놓으면 저장할 땐 편할 수 있지만 나중에 파일을 찾아야 할 땐 진땀을 흘려야 할지도 모른다. 옛날 버전의 윈도우즈는 탐색기 기능이 있어 파일을 쉽게 찾을 수 있었지만 윈도우즈 10부터는 파일 찾기가 조금 어렵다.

파일명은 건조하게, 버전 관리

파일명을 작성할 때는 2가지를 기억해야 한다. 첫 번째는 건조하게, 두 번째는 버전 관리! 우선 '건조하게'라는 의미는 파일명을 작성할 때 문서 내용 그대로 핵심을 '아무 감정 없이' 작성해야 한다는 것이다. 생산 계획에 대한 문서라면 [2023년 1월 LCD-TV 생산계획] 이렇게 적으면 된다. 매우 건조해 보이지만 이렇게 해야 한다. 감정을 풍부하게 넣어 [희망찬 LCD-TV 생산계획] 또는 [오늘도 어려운 생산계획ㅠ.ㅠ]과 같이 적는다면 다음에 그 파일명을 보았을 때 어떤 내용인지 쉽게 유추할 수 없다. 파일명은 있는 그대로 형용사나 부사 없이 정말로 건조하게 적는 것이 가장 좋다. 필자의 PC를 들여다보자.

```
직방 전문가 칼럼_계약갱신청구권_집값영향은2019_12_23.hwp
직방 전문가 칼럼_기준금리인하와_부수적피해_2020_03_31.hwp
직방 전문가 칼럼_또다른변수 차이나머니_2019_12_16.hwp
직방 전문가 칼럼_마스크와 부동산가격_2020_02_04_001.hwp
직방 전문가 칼럼_미국기준금리인하와 집값영향.hwp
직방 전문가 칼럼_밀물과썰물지역_2019_09_26.hwp
직방 전문가 칼럼_부동산시장하락의징조3가지_2020_04_13_001.hwp
직방 전문가 칼럼_분양가 상한제 짧게 알아보자_2019_7_29_001.hwp
직방 전문가 칼럼_새로운_국토부_장관님의_핀셋규제_풍선효과_2020_12_04_001.hwp
직방 전문가 칼럼_수능개편과 부동산가격_2019_08_29.hwp
직방 전문가 칼럼_아파트와 안전자산_2020_03_23.hwp
직방 전문가 칼럼_인구와부동산_2019_12_16.hwp
```

필자가 모 업체에 기고하기 위해 작성한 파일들이다. 감정적이지 않고 유머러스하지 않게 딱 칼럼의 제목만 적어놓았다. 클릭해보지 않아도 어떤 내용이 담겨 있는지 한눈에 확인할 수 있다.

또 하나 중요한 것이 있으니 바로 '버전 관리'다. 엑셀이나 PPT를 작성하면 틀림없이 수정 과정을 거쳐야 한다. 수정을 여러 차례 반복하면 어떤 것이 최신 자료인지 헷갈릴 수 있다. 예를 들어 2023년 1월에 엑셀로 문서를 작성했는데 [2023년 1월 판매결산_마지막], [2023년 1월 판매결산_

Final], [2023년 1월 판매결산_끝] 이렇게 3개의 파일이 있다면 문서 작성 시간을 확인해야만 최종 문서를 찾을 수 있다. 가장 좋은 방법은 [2023년 1월 판매결산_2023년 1월 10일 기준_001]과 같이 날짜와 버전을 함께 적는 것이다. 그날 수정을 했다면 '001'을 '002'로 바꿔 저장하면 되고, 5일 뒤에 수정했다면 '1월 10일 기준'을 '1월 15일 기준'으로 바꿔 저장하면 된다. 파일명에 굳이 'final', '마지막', '진짜 마지막' 등의 단어가 없어도 최신 버전을 확인할 수 있다.

파일명 예쁘게 저장하기

파일명에 월과 일을 적을 때 한 자리 숫자인 경우 길이가 들쭉날쭉해 체계적으로 보이지 않는다. 이때 0을 붙이면 시각적으로 쫙 정렬되어 보다 체계적인 느낌을 전달한다.

0을 넣지 않은 경우

A제품_생산계획_2022년1월1일
A제품_생산계획_2022년12월31일

0을 넣은 경우

A제품_생산계획_2022년01월01일
A제품_생산계획_2022년12월31일

파일명을 적을 때 단어 사이마다 언더바(_)를 넣으면 안심이 된다. 띄어쓰기를 하거나 하이픈(-)을 넣는 것도 편리한 방법이긴 하나 그렇게 파일명을 적으면 저장이 되지 않거나 파일을 전달받은 사람의 컴퓨터가 인식하지 못하는 경우가 종종 있다. (필자가 그에 대한 지식이 부족해 그 이유를 설명하지 못하니 양해 부탁드린다.) 파일명을 저장할 땐 꼭 언더바를 활용하기 바란다.

**Common Sense Dictionary
for Rookies**

10

열째
마당

이메일 작성,
어렵지 않아요

055

쉽지만 어려운 바로 그것, 이메일 작성

이메일 작성은 단어 하나하나, 어법 하나하나 신경 써야 하기 때문에 은근히 어려운 업무다. 혼도 나고 욕도 먹다보면 어느새 메일의 달인으로 등극할 수 있을 것이다. 이 책의 목적은 혼과 욕을 최대한 줄이고자 하는 데 있다. 자, 시작해보자.

이메일의 구성

메일함 구성

필자의 메일 박스를 샘플로 살펴보자. 기업마다 자체 이메일 서버를 운영해 위치는 다를 수 있지만 구성은 대부분 비슷하다.

- **메일박스:** 전체메일함/받은메일함/보낸메일함이 기본적으로 구성되어 있고, 임시보관함/내게쓴메일함 등이 추가적으로 구성되어 있다.

- **내 메일함:** 받은 메일을 카테고리별로 구분해 보관할 수 있는 기능이다. 필자는 텔레캅/세무사무소 등으로 카테고리를 분류했다. 부서별로, 보낸 사람별로 자유롭게 카테고리를 만들 수 있다.

- **보낸 사람:** 나에게 메일을 보낸 사람의 계정 이름이 나온다.

- **제목:** 메일의 제목이다.

이메일 기본 구성

다음은 직방이라는 부동산 관련 플랫폼 기업에서 필자에게 칼럼을 의뢰

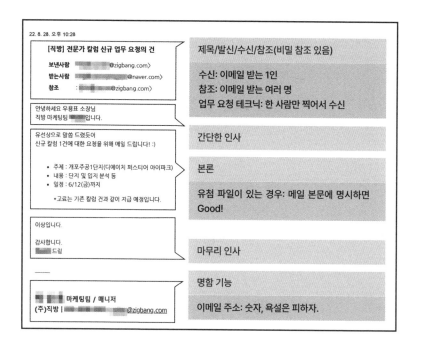

하며 발송한 메일이다. 하나씩 살펴보도록 하자.

- **제목:** 제목은 메일의 내용을 미리 예상할 수 있도록 작성해야 한다. '[직방] 전문가 칼럼 신규 업무 요청의 건'이라는 제목은 칼럼 작성을 의뢰하는 내용임을 알 수 있다.

  →(주의 사항): 만약 메일 제목이 '안녕하세요', '반갑습니다', '○○○입니다'였다면 어떤 내용의 메일인지 짐작하지 못했을 것이다.

- **발신/수신/참조:** 발신자는 메일을 보낸 사람, 수신자는 메일을 받는 사람, 참조는 해당 메일을 함께 받아 업무 진행 상황을 파악해야 하는 사람을 나타낸다.

  →(주의 사항): 수신자는 해당 메일을 받아 직접 업무를 추진해야 하는 사람이고, 참조는 말 그대로 참고만 할 사람이다. 참조만 해도 되는 사람들까지 수신자로 지정하면 '이거 누가 업무를 해야 하는 거야?'라는 의문이 들 수 있다. 메일을 직접 처리해야 하는 사람만 수신자로 지정하고 나머지는 모두 참조로 지정해야 한다. 이에 더해 이메일에는 '숨은 참조' 기능이 있다. 따라서 내가 받은 메일을 누군가가 같이 받았는지 알 수 없다. 그냥 사장님, 부서장님이 모두 숨은 참조로 되어 있다고 생각하는 것이 편하다.

- **간단한 인사:** '안녕하세요. 귀하의 발전을 기원합니다' 등과 같이 인사말을 건네야 한다. 조금 있어 보이고 싶어 '해당 건과 관련하여'라는 말을 덧붙이는 경우도 있다.

  →(주의 사항): 개인적인 친분이 있거나 부서 내 구성원에게 메일을 보낼 때는 '안녕하세요', '○○○입니다'라는 식으로 친근함을 표시해도 상관없다. 하지만 서먹한 사이이거나 다른 회사에 메일을 보낼 때는 '안녕하세요'보다는 '귀하의 발전' 또는 '귀사의 발전'을 기원하고 시작하는 것이 좋다.

또한 가급적이면 '수고가 많으십니다', '노고가 많으십니다'라는 말은 하지 않는 것이 좋다. '자기가 뭔데 건방지게 나한테 수고한다고 해?'라는 반응이 있을 수도 있다. 참고로 '수고'는 윗사람이 고생하는 아랫사람을 격려할 때 사용하는 말이다. 뜻만 놓고 보면 윗사람에게 그와 같은 표현을 사용하는 것은 무례하게 보일 수 있다. '수고'가 윗사람이 하는 말이라면, '노고'는 수고의 높임말 정도다. '노고가 많으십니다'는 매우 예의 바른 말이지만 노고라는 말 자체를 싫어하는 사람이 많다. 결론은 친하지 않다면 그저 발전만 기원해주는 것이 좋다. 한 가지 덧붙이면 '수고하세요'는 문법적으로 완전히 잘못된 표현이지만 실험 결과 그 말을 듣고 화내는 사람은 별로 없었다.

- **본론:** 메일의 핵심 내용이다. 다음 장에서 본론 작성 방법을 설명하도록 하겠다. 우선은 하고 싶은 이야기를 적는 칸이라고 생각하면 된다.

- **마무리 인사:** '감사합니다. ○○○ 드림' 정도가 무난하다. 필자는 [○○○ 두 손 모아 엎드려 인사 올립니다]라는, 무척이나 당황스러운 마무리 인사를 본 적이 있다. 무슨 임금님에게 메일을 보낸 것도 아니고 이런 과한 인사는 삼가도록 하자.

- **명함 기능:** 센스 여부가 판가름 나는 부분이다. 단순히 마무리 인사로 메일을 끝낼 수 있지만 마지막에 명함을 넣어주면 메일을 읽고 필요한 경우 바로 연락을 취할 수 있다. 명함 기능을 사용할 수 없다면 미리 텍스트로 세팅해놓는 것이 좋다.

파일 첨부, 미리 안내해주면 땡큐!

메일 본문에 더해 첨부 파일을 함께 보내는 경우가 많다. 이때 '자세한 내용은 첨부 파일을 확인하시기 바랍니다'와 같이 적어주면 메일을 받는 사람이 참 편하다. 보내는 사람도 첨부 파일 목록을 적으며 누락시킨 파일은 없는지 확인할 수 있다. 필자는 다음과 같이 정리해 메일을 보낸다.

안녕하세요.

유첨으로 강의 준비 서류 송부드립니다.

첨부 파일
1.프로필 및 사진
2.강의 내용
3.책 이미지
4.신분증 / 통장 사본

감사합니다.우용표드림

우용표
The Coaching & Company
Mobile :
Blog : http://blog.naver.com/wooyongpyo

056

제목과 본문 테크닉

필자는 그간 메일을 쓰며 고통의 시간을 많이 겪었다. 이 책을 읽는 여러분은 부디 꽃길만 걷길 바란다. 지금부터 설명할 메일 작성 테크닉은 무덤에 들어갈 때까지 사용할 수 있는 기술들이니 잘 익혀두기 바란다.

제목 테크닉

1 Shot 1 Kill

메일 한 통에는 한 가지 내용만 들어가야 한다. 메일 제목에 '최근 이슈들'이라고 되어 있고 내용에도 이런저런 것들이 담겨져 있으면 안 된다. 그 이유는 무엇일까? 메일을 받으면 모든 내용을 다 기억할 수 없다. 나중에 일을 하다 '그 내용이 어디에 있었지?' 하며 메일을 확인해야 하는 경우가 있는데, 그럴 때 메일 제목과 내용이 일치되어 있다면 메일함에 나열되어 있는 제목들을 보고 필요한 메일을 금방 찾을 수 있다. 예를 들어, '2022년 A제품 A/S 집계 결과'라는 보고서를 보낸다면 메일의 제목과 첨부 파일의 이름이 같아야 한다.

명품은 사소한 디테일에서 그 가치를 드러낸다고 하지 않는가. '1 Shot 1 Kill'은 당신의 업무력을 도드라져 보이게 할 수 있는 디테일이라 할 수 있다.

Good	Bad
2020년 1월 생산 계획	접니다.
[공지]2020년 근무 시간 조정	이런저런 내용 공유
마케팅 회의 공지[2020년 7월 7일]	회의 공지[2020년 7월 7일]
Re:2020년 7월 판매 계획	팀장님 말씀
Fwd:2030년 사업 계획 수립 일정 안내	Re:Fwd:Re:Re:Re:Fwd:Re:Fwd:
품질 불량 이슈 대응 현황[2020년 9월 현재]	이슈 대응 현황

말머리 활용

내가 작성한 이메일이 어떤 성격을 가지고 있는지 밝히면 수신자들에게 큰 도움이 된다. 어렵지 않다. 제목 앞에 [공지], [참고 사항], [전달], [지급]과 같이 메일의 성격을 표현할 수 있는 단어를 적기만 하면 된다.

전달 메일은 제대로 전달하기

'전달 메일'은 내가 받은 메일을 타인에게 그대로 전달해주는 것이다. 대개 제목에 'RE:', '회송', 'FWD' 정도가 따라붙는다. 업무를 하다보면 다른 부서의 의견을 받아 또 다른 부서에 전달해야 하는 일이 있는데, 그럴 때 심심치 않게 전달 메일을 작성하게 된다.

본인은 처음부터 현재까지의 상황을 잘 알고 있지만 메일을 읽는 사람은 그간의 상황을 모르는 경우가 많다. 그러므로 전달 메일을 보낼 때는 몇 가지 작은 배려가 필요하다. 보통 '하기 내용을 참고하시기 바랍니다'라고 하는데 '하기'라는 것이 어디에서부터 어디까지인지 알 수 없는 경우가 많다. 그러므로 '하기 내용 중 ~부터 ~까지의 내용을 참고하시기 바랍니다'라고 친절히 안내해주어야 상대방이 업무를 파악하는 데 드는 시간과 스트레스를 줄일 수 있다.

전달 메일의 제목이 'RE:RE:RE:RE:RE:'로 되어 있는 경우도 있다. 이런 경우 메일 읽는 것 자체를 포기하게 만들 수도 있다. 이럴 때는 메일 첫머리에 '하기 메일은 ○○건과 관련하여 어디와 어디가 주고받은 메일이며, 현재 진행 상황은 이러이러합니다'라고 간단하게 언급하고, '하기 사항 중 ○○이 문제이니 ○○에서 해결해주셨으면 좋겠습니다'라고 덧붙이는 것이 좋다. 그래야 읽는 사람이 '그래, ○○만 해주면 된다 이거지?' 하고 요청 사항을 이해하고 액션을 취할 수 있다.

하나의 이슈에 대해 여기저기서 한마디씩 하는 경우가 있다. 예를 들어 영업부서에서 '이번 달 미국으로 보낼 A제품의 재고가 부족합니다. 추가 생산 요청드립니다'라는 내용의 메일을 생산부서에 보냈다고 가정하자. 그런데 생산부서에서 '이러저러한 사유로 어렵습니다'라고 답했다. 영업부서는 그에 대한 답을 하고, 이 와중에 마케팅부서는 '브랜드 이미지를 위해 추가 생산이 필요합니다'라고 한마디 거든다. 생산부서에서 메일을 전달받은 기획부서는 '원가 수준에 못 미치는 판매가격으로 추가 생산이 불가합니다'라고 반격한다. 정말 생지옥이 따로 없다. 메일 제목은 아마 다음과 같이 진행될 것이다.

영업부서 발신: [2023년 6월 미국향 A제품 생산 증가 요청의 건]
생산부서 회신: Re:[2023년 6월 미국향 A제품 생산 증가 요청의 건]
영업부서 회신: Re:Re:[2023년 6월 미국향 A제품 생산 증가 요청의 건]
기획부서 회신: Re:Re:Fwd:[2023년 6월 미국향 A제품 생산 증가 요청의 건]
영업부서 회신: Re:Re:Re:Fwd:[2023년 6월 미국향 A제품 생산 증가 요청의…
(내용이 길어 글자 잘림)

이 전쟁을 끝내기 위해 당신이 나서야 한다. 앞에 붙은 'Re', 'Fwd' 등의 글자를 모두 지우고 [중간 정리]라는 말머리를 하나 붙여주도록 하자. [중간 정리] [2023년 6월 미국향 A제품 생산 증가 요청의 건]이라고 제목을 수정하고 현재 진행 상황을 한 번 정리해주는 것이 좋다. 메일 내용은 다음과 같이 구성되어야 한다.

> **메일 제목: (중간 정리) [2023년 6월 미국향 A제품 생산 증가 요청의 건]**
>
> 미국향 A제품 생산 증가 요청의 건이 이슈가 되고 있습니다.
> 현 상황을 정리하면 이렇습니다.
>
> 영업부서 의견: 미국 수출을 위해 A제품의 추가 생산 필요
> 생산부서 의견: 이러저러한 사유로 추가 생산 불가
> 마케팅부서 의견: 브랜드 이미지를 위해 추가 생산 필요
> 기획부서 의견: 원가 수준에 못 미치는 판매가격으로 추가 생산 불가
>
> 현 상황에 대해 영업부서는 아래와 같이 진행하겠습니다.
>
> - 아래
> 1. 판매가격 조정: 담당자인 기안자는 ○○월 ○○일까지 기획부서 요청대로 판매
> 가격 조정
> 2. 생산 일정 확인: 기획부서 협의 완료 시 추가 생산 일정 반영
> * 생산 일정은 선적 일정 고려 시 2023년 5월 말일까지는 반영 필요
>
> 감사합니다.
> 영업부서 홍길동 드림

　　당신이 보낸 메일에 여러 부서에서 답을 하고 전달하고 또 전달하는 식으로 제목에 'Re:Re:Re' 등이 많이 붙게 되면 [중간 정리], [회의 요청] 등의 말머리를 활용하자. 깔끔하게 교통정리를 한 번 하는 것이 좋다. 가만히 두면 제목은 보이지도 않고 'Re:Re:Fwd:Fwd:Re:Fwd:Re:Re:Re:Re'만 가득한 메일이 당신의 메일함을 장악할 것이다. 실제로 이런 경우를 많이 보았다. 특히 부서 간 이해관계가 대립되는 상황이라면 있는 말 없는 말 다 끌어다 장문의 메일을 끊임없이 교환할 것이다.

본문 테크닉

스크롤을 배려한 부지런한 엔터

메일 본문의 내용이 길어진다면 엔터를 부지런히 쳐야 한다. 마우스를 스크롤할 때 위에서 아래로 내리는 것은 편하지만 옆으로 길게 되어 있는 글은 스크롤로 해결하기 어렵다. 엔터를 사용하지 않고 작성한 글은 마우스를 잡고 버튼을 누른 상태에서 왼쪽으로 오른쪽으로 이동하며 읽어야 하는데 정말로 귀찮다. 메일을 보낸 사람에 대한 원망과 분노가 하늘을 찌를 수도 있으니 그런 일이 발생하지 않도록 부지런히 엔터를 치기 바란다.

엔터를 잘 활용한 경우	동해물과 백두산이 마르고 닳도록 하느님이 보우하사 우리나라 만세. 무궁화 삼천리 화려 강산 대한 사람, 대한으로 길이 보전하세.
엔터를 잘 활용하지 않은 경우	동해물과 백두산이 마르고 닳도록 하느님이 보우 하사 우리나라 만세. 무궁화 삼천리 화려 강산 대 한 사람, 대한으로 길이 보전하세.

본문은 3개 문단으로

본문은 스크롤할 필요 없이 한 화면에 다 담기는 것이 가장 좋다. 본문이 3개 문단으로 구성되면 시각적으로 안정된 느낌이 든다. 만약 내용이 길어진다면 엔터를 부지런히 쳐 글자가 화면 오른쪽에 숨겨지지 않도록 해야 한다. 여기서 더 길어지고 내용이 복잡해질 것 같다면 해당 내용을 따로 문서로 정리해 첨부하고 '자세한 내용은 첨부 파일을 참고하시기 바랍니다'라고 적어주는 것이 좋다.

메일 회신은 빠를수록 좋다

회사의 모든 메일을 열어보는 즉시 처리하고 완결까지 지을 수 있다면 얼마나 좋을까. 남겨놓은 일 없이 퇴근하면 마음도 한결 편하고 좋을 텐데 말이다. 하지만 우리 모두 잘 알고 있듯 회사 일은 끊임없이 쏟아진다. 단언컨대 내일은 어제와 오늘 다 끝내지 못한 일에 허덕이면서 새로운 일을 맞을 것이다.

메일로 요청받은 일을 처리하기는커녕 제대로 열어보지도 못할 만큼 바쁠 때도 있다. 어떤 일은 메일을 본 즉시 처리가 가능하지만, 어떤 일은 3일 또는 일주일이 걸릴 수도 있다. 이때 즉시 처리한 메일에 대해 [완료되었습니다] 이렇게 회신하는 것을 잊어버리곤 한다.

그렇다면 시간이 걸리는 일은 언제 회신하는 것이 좋을까? 메일을 열어보자마자 회신하는 것이 가장 이상적이다. 즉, 업무 처리에 일주일가량 소요될 것 같다면 곧바로 '일주일 정도 시간이 걸릴 예정입니다'라고 회신하는 것이다. 이와 같이 회신하지 않으면 메일을 보낸 사람은 '왜 대답이 없지? 나를 무시하나?'라고 오해할 수도 있으니 유의하기 바란다.

업무용 이메일의 5가지 필수 조건

① 단순성

'단순한 것이 최고다(Simple is best)'라는 말이 있듯 메일 역시 단순해야 한다. 어마어마하게 중요하거나 복잡한 내용이라도 메일은 무조건 단순하게 작성해야 한다. 장황한 문장이나 육하원칙에 맞지 않는 문장, 단락을 제대로 나누지 않은 문장은 읽는 사람으로 하여금 피로감과 심한 짜증을 유발하게 만든다. 그리고 설사 원칙에 맞게 적었다 하더라도 너무 길면 상대방은 제대로 읽어보지도 않고 닫아버릴 가능성이 크다. 명심하라. 직장인은 기본적으로 모두 바쁘다. 그러니 짧고 단순하게 메일을 작성하는 습관을 길러야 한다.

② 명료성

어떤 메일을 받았는데 대체 무슨 말을 하는지 알 수 없는 경우가 많다. 메일은 소설이나 연애편지가 아니다. 화려한 미사여구보다는 말하고자 하는 바를 짧고 명료하게 표현해야 한다. 메일은 한 페이지에 1/2~1/3 정도 분량, 한 단락이 3~4문장인 3~4단락이 가장 적합하다. 그 이상 작성하면 읽으면서 앞의 내용을 잊어버릴 수도 있다.

③ 목적성

상대방이 당신의 메일을 읽은 뒤 당신이 원하는 액션을 취해야 한다. 산으로 가자고 했는데 상대방이 들로 가자는 내용으로 이해했다면 철저하게 실패한 것이다.

④ 설득성

메일은 다른 사람의 업무 협조와 액션을 요구하는 도구로 쓰이므로 'A이슈에 대해 이러이 러하게 해주세요' 하는 내용에 '그래, 그렇게 하자'라고 읽는 사람의 마음을 움직일 수 있어 야 한다. "어디서 뭐 하는 놈이 메일질이야!" 하는 소리가 나와서는 안 된다. 특히나 신입사 원이 아무것도 모르고 메일질(?)을 해 상사로부터 지적을 받는 일이 많다.

필자가 회사에 입사하고 2개월쯤 지났을 때 도무지 이해가 되지 않는 일이 있었다. 고객이 제품을 주문했는데 생산량이 부족해 고객의 요청에 대응할 수가 없었다. 필자는 욱하는 성 격에 이것저것 따져보지도 않고 회사 부사장님부터 시작해 각 공장 임원과 팀원들에게 '대 체 왜 생산이 안 되는 겁니까? 이해할 수 없습니다'라는 내용을 담은 막가파식 메일을 보냈 다. 그다음 날 공장 여기저기에서 "우용표란 놈은 대체 뭐 하는 놈이야!"라는 말이 나왔다 고 한다. 덕분에 유명인사가 되긴 했지만 이왕이면 좋은 쪽으로 유명해지는 것이 좋지 않겠 는가? 당신은 절대 그런 메일질을 하지 않길 바란다.

⑤ 논리성

자신이 하고자 하는 말에는 논리와 근거가 있어야 한다. 'A건은 이러이러한 상황으로 지금 으로써는 이렇게 저렇게 하는 것이 최선의 대응책입니다'라는 내용의 메일과 '이렇게 하면 될 것 같습니다. 감이 딱 옵니다'라는 내용의 메일이 있다면 당신은 어느 메일을 보낸 사람 을 더욱 신뢰하겠는가. 필자가 굳이 답해주지 않아도 잘 알 것이라 생각한다.

057

영문 이메일,
쫄 필요 전혀 없다

영문 이메일의 구성은 현재 우리가 사용하는 구성과 크게 차이가 없지만 영문이라는 것 때문에 조금 신경이 쓰일 것이다. 앞으로 세계를 누비며 비즈니스를 할 당신을 위해 살짝 맛만 볼 수 있도록 기본 내용을 준비해보았다.

인사말(Greeting)

본격적으로 하고 싶은 말을 하기 전에 '친애하는 ○○에게' 정도의 의미로 쓰는 부분이다. 친구들이나 연인에게 메일을 보낼 때는 '○○에게', '자기야'라고 하는 것이 이상하지 않지만 회사에서는 당신 부서, 당신 회사를 대표해 메일을 보내는 것이므로 늘 주의해야 한다. 첫 시작부터 어설프다는 인상을 심어줄 필요가 있겠는가.

가장 보편적인 방식은 'Dear Mr./Ms.+상대방의 성'을 적는 것이다. 만약 상대방이 여성이라면 결혼했다 하더라도 'Ms.'라고 부르는 것이 무방하다. 결혼을 하지 않은 여성에게 'Mrs.'라고 부르는 것은 실례이지만 결혼한 여성에게 'Ms.'라고 부르는 것은 괜찮다.

만약 상대방과 친분이 있다면 'Dear+상대방의 성'을 적어도 괜찮다. 하지만 아무리 친하다 해도 이름부터 바로 불러버리거나, 말도 안 되게 친한 척하는 것은 곤란하다. 상대방은 물론 상대방 회사에 대한 예의가 아니다.

> **To whom it may concern**
> '관계자분께'로 해석할 수 있다. 상대 회사의 담당자를 잘 모르는 경우에는 이렇게 보내는 것이 일반적이다. 단, 최근에는 대다수의 스팸메일이 이러한 문구로 시작하기 때문에 잘못 쓰면 스팸메일함으로 직행할 수도 있다.

본문(Body)

이제 하고 싶은 말을 할 차례다. 마음껏 하라. 다만 문장이 너무 길어진다 싶으면 중간중간에 엔터를 쳐 문장이 화면 밖으로 나가지 않게 해야 한다. 마우스로 드래그를 해가며 읽어야 하는 메일은 인사말이 엉망인 메일보다 더 나쁘다. 그리고 100% 대문자로 되어 있는 메일을 받은 적이 있는데, 읽기가 너무 힘들었다. 늘 받는 사람 입장을 생각하기 바란다.

끝인사(Complimentary close)

본문이 끝난 뒤 마지막으로 인사하는 것으로, '○○○ 올림' 정도라고 생각하면 된다. 가장 보편적이고 무난한 예를 들어보도록 하겠다. 참고하기 바란다.

- **초면일 때:** Sincerely yours / Yours sincerely / Very truly yours
- **구면일 때:** With best regards / Best regards

상대방에 대한 친밀감을 표시한답시고 'Yours', 'With love', 'Cheers'
와 같은 표현을 사용해서는 절대 안 된다. 이는 모두 연애 느낌이 묻어난 표
현이다.

서명(Signature)

인사말, 본문, 끝인사까지 했다면 마지막에 발신인의 이름과 정보를 적
는다. 회사 주소, 부서 이름, 직위, 전화번호, 팩스번호, 이메일 주소 정도를
적으면 된다.

다음은 필자가 사용하던 영문 이메일 서명이다.

Brian(Yong-pyo) Woo
LG Display
Manager, TV Sales Europe part
Tel: +82-2-2777-××××
Fax: +82-2-3777-××××
Mobile: +82-19-9417-××××118
E-mail: brianwoo@××××.com

영문 이메일에 흔히 쓰는 약어

옛날에는 외국에 있는 사람에게 문서를 보낼 때 텔렉스(telex)를 사용했다. 그 시절에는 글자 단위로 돈을 내야 했기 때문에 약어를 사용해 문서를 보냈고, 그때의 습관이 남아 지금까지도 사용되고 있는 것들이 있다. 업무에 도움이 될 수도 있으니 기억해두기 바란다.

약어	원래 표현	의미
ASAP	As Soon As Possible	매우 급함/가능한 빨리 (아삽이라고 하면 '아, 급한 거구나' 하고 이해하면 된다.)
FYI	For Your Information	참조 바랍니다. (높은 분들이 보내는 전달 메일에는 본문이 FYI 1줄인 경우가 많다.)
PLS	Please	~해주세요.
Q'ty	Quantity	수량
Am't	Amount	금액

**Common Sense Dictionary
for Rookies**

11

열한째 마당

모든 사람을
내 편으로 만드는
인간관계 스킬

058

비난은 은밀하게, 칭찬은 위대하게!

누군가가 업무를 잘하거나 실수 없이 일을 처리했다면 그에 대한 칭찬은 모두에게 잘 들리도록 하는 것이 좋다. 반면 누군가가 실수를 했다면 조용한 곳으로 불러 문제점을 짚어주며 이야기하는 것이 좋다. 그 이유는 무엇일까?

공개적으로 누군가를 칭찬한다면 '저 사람은 잘한 이는 확실하게 칭찬해주는 사람이구나'라는 인식을 심어줄 수 있다. 공개적인 칭찬은 조직구성원 모두에게 긍정적인 에너지를 전달하는 가장 좋은 방법이다. 칭찬을 받은 사람은 그 칭찬과 기대에 부응하기 위해 업무에 더욱 성실하게 임한다. 사람은 한 번 칭찬받으면 더 칭찬받고 싶은 심리를 가지고 있다.

비난은 칭찬과 정확히 반대된다. 자신의 잘못을 알고 반성하고 있는 사람이라 해도 공개적으로 비난을 받으면 "제가 뭘 그렇게 잘못했나요!", "왜 나한테만 그래요!"라며 반발하게 된다. 다른 사람 앞에서 망신당하는 것을 누가 좋아하겠는가. 특히 후배들 앞에서 망신을 당한다면? 분명 혼내는 사람에게 원한을 품게 될 것이다. 그러니 누군가에게 좋지 않은 말을 해야 한다면 조용한 곳에서 잘못한 일만 짚어 이야기하도록 하자. 그럼 그 사람도 자신의 잘못을 인정하고 실수를 반복하지 않도록 최선을 다할 것이다. 이때 기억해야 할 점은 잘못한 일만 짚어야 한다는 것이다. 인격적인 모독과 모욕이 들어가면 분위기만 험악해질 뿐이다.

후배에게 우아하게 화내는 2가지 기술

지금 당장은 당신이 막내이니 후배에게 화낼 일이 없을 테지만 나중을 위해 미리 알아두면 좋은 내용을 소개하도록 하겠다. '우아하게 화내는 기술'이라고 적긴 했는데 사실은 기술이라기보다 주의 사항에 가깝다. 단지 '후배를 공격'하기 위해서가 아니라 '원활한 업무 진행을 위해' 또는 '더 나은 성과 창출을 위해' 어쩔 수 없이 악역을 맡은 상황이라면 다음 2가지 기술이 그 목표를 이루도록 도와줄 것이다.

반말 금지

화를 낼 때는 가급적이면 존댓말을 사용하는 것이 좋다. 반말을 하면 격한 용어를 사용하게 되고 화난 감정을 그대로 표출하게 된다. 반면 존댓말을 하면 한 번쯤 단어를 고르고 표현을 다듬게 되어 화난 감정이 조금씩 누그러진다.

우아하게 존댓말을 해보자. 평소 업무를 할 때 후배들에게 반말을 한다면 더욱 효과를 볼 수 있다. 평소에는 스스럼없이 말하던 선배가 갑자기 존댓말을 한다? 그것도 점잖게? 잘못을 한 후배는 그 분위기 자체만으로 자신의 잘못을 생각하고 반성할 것이다. 그렇게 되면 선배는 원하는 결과를 얻은 것이나 다름없다. 화를 내는 목적은 후배에게 모욕을 주기 위함이 아니라 같은 실수를 반복하지 않게 하는 것이니까.

'나는 평소에 후배들에게 존댓말을 하는데? 반대로 반말을 사용해야 하나?'라고 생각한 사람이 분명 있을 것이다. 그건 아니다. 화를 낼 때조차도 존댓말을 쓰는 우아한 모습을 보여주기 바란다.

잘못에만 집중

업무상 실수를 저지른 후배를 혼낼 때는 '잘못'에만 집중해야 한다. "수치를 제대로 확인해야 한다", "주장과 근거가 빈약하다", "문서에 오탈자가 많다" 등 잘못한 그 자체만을 가지고 혼내야 한다. 그래야 지적당하는 입장에서도 잘못을 충분히 인지하고 반성하고 주의하게 된다.

문제는 그 외 부분까지 지적할 때 발생한다. "옷을 그렇게 입고 다니니 업무에 집중하지 못하지!", "그러고도 집에 가서 잠을 제대로 잤어?"와 같이 인격 모독을 해서는 절대 안 된다. 출신 대학이나 학벌을 건드리는 것은 정말 최악이다. "그 대학 나온 사람들은 다 그래?", "대학원까지 나왔는데 이거 하나 제대로 못해?"와 같은 지적은 업무가 아닌 개인에 대한 공격이 되고 반발을 불러일으키게 된다.

자, 우리 제발 우아해지자. 오로지 잘못에만 집중한다면 그렇게 될 수 있다. 다음과 같은 식의 지적은 어떨까?

- "이렇게밖에 못해?" → "이렇게 하면 더 좋을 것 같아."
- "내가 이렇게 하지 말랬지!" → "이 부분을 고치면 좋아질 것 같아."
- "왜 늘 이 모양이야!" → "개선 과제로 삼도록 하자."

059 뒷담화에 대처하는 우리의 자세

저 높은 곳에 계신 대한민국의 대통령부터 시작해 바로 옆자리에 앉아 있는 부서 막내까지 우리는 모두 누군가의 도마 위에 올라가는 가련한 신세다. 업무 스타일, 근무 태도, 업무 처리 속도는 물론이고 심지어 복장까지 모든 것이 도마 위에 올라간다. 요즘 인터넷에서 흔히 말하는 '조리돌림'의 대상인 것이다. 인정할 것은 인정하자.

문제는 이러한 험담이 돌고 돌아 결국 내 귀에까지 들어온다는 것이다. 옆 부서 동료가 어느 날 근심스러운 표정으로 "요즘 이상한 소문이 돌고 있는 거 알아?" 하며 알려주기도 하고, 이메일이나 메신저로 '이거 사실이야?' 하며 험담 내용을 텍스트로 친절하게 전달해주기도 한다. 억울한 것은 말할 것도 없고 누군가가 자신의 이야기를 하고 다닌다는 것 자체가 불쾌할 수밖에 없다. 차라리 알게 되면 그나마 다행이다. 적어도 누가 친구이고 누가 적인지 알 수 있으니까.

더 큰 문제는 나만 쏙 뺀 단톡방을 만들어놓고 여러 사람이 나에 대해 이러쿵저러쿵 이야기를 나누는 경우다. 그 얄미운 멤버들은 내 앞에서는 아무 일도 없는 척 행동한다. 누가 아군이고 누가 적군인지 알 길이 없으니 더욱 지친다. 하지만 단톡방에서 은밀히 내 험담을 하는 경우는 논외로 하자. 내가 욕을 먹고 있다는 것을 모르는 상황이니 대처할 방법이 없다.

누군가가 내 험담을 하고 돌아다닌다는 것을 알게 되었을 때 대처할 수 있는 방법을 알아보도록 하자.

모르는 척한다

일단 모르는 척하자. 그리고 가만히 지켜보자. 당신이라는 '떡밥'이 식으면 사람들은 새로운 제물을 찾아 떠날 것이다.

웃어넘긴다

'힘들 때 울면 3류, 힘들 때 웃으면 1류'라는 말을 들어본 적 있을 것이다. 이를 응용해보자. 누가 나를 욕할 때 욱하고 화내면 3류다. 사람 좋게 웃으며 "저에 대한 관심이 뜨겁군요"라고 말할 수 있어야 진정한 프로이자 1류다. 화내면 지는 거다. 웃어넘기자. 멘탈이 조금 더 강해진다면 개그맨들이 자학개그를 하듯 "제가 그렇다면서요? 정말 그런가요? 하하하" 하고 이야기할 수 있을 것이다. 그런 단계에 이른다면 당신은 그들에게 무서운 사람, 함부로 험담하면 안 되는 사람으로 인식될 것이다.

누군가가 내 험담을 하는 것은 피할 수 없다. 세상 모든 사람이 도마 위에 오르는 것이 현실이니까. 그럴 때 화를 내기보다는 내색하지 않거나 웃어넘기는 것이 현명한 방법이다. 포커페이스를 유지하면서 나중에 그런 험담이 나오지 않도록 더욱 주의하도록 하자. 쉽지는 않지만 부디 당신은 칭찬만 듣는 회사생활을 하길 바란다.

싫은 일이라도
일단은 해내라

당신은 그동안 학교에서, 학원에서 혼자 무언가를 하는 것이 익숙했을 것이다. 학점 취득, 자격증 취득, 스펙 쌓기 등 혼자 열심히 성실하게만 하면 어느 정도 수준의 결과가 뒤따랐을 것이고 말이다. 그런데 신입사원으로서 기본적인 교육을 받고 부서 배치를 받게 되면 '일'이라 불리는 많은 것들이 생소하게 느껴질 것이다. 부서 막내로서 생전 처음 해보는 것들을 해야 한다. 부서 회의 준비도 해야 하고, 모르는 사람에게 전화해 필요한 사항을 요청해야 하고, 회식 장소 예약과 같은 자질구레한 일들도 해야 한다. 그동안 대학에 다니며 전문적인 지식을 쌓고 쌓았는데 고작 심부름이라니!

당장 맡은 일에 집중하라

회사생활을 하다보면 자신의 적성에 맞는 일, 재미있어 보이는 일이 조금씩 눈에 보일 것이다. 지금의 일이 아닌 다른 부서의 일이 부럽게 느껴질 수도 있다. 언뜻 보기에 멋있어 보이고 중요해 보이는, 말 그대로 '회사 일'을 하는 사람들이 부러울 것이다. 신입사원뿐 아니라 5년 차인 사람이라도 비슷한 생각을 할 수 있다. 잘못된 인사발령으로 자신에게 맞지 않는 일을 하고 있다며 불평을 늘어놓는 사람이 꽤 많다.

그런데 조금만 다르게 생각해보자. 지금 처음 배우는 일들은 나중에 누군가로부터 배울 수 없는 일이다. 태어난 지 얼마 안 된 아이는 모유나 분유를 먹어야 한다. 아무리 밥을 먹이고 싶어도 아이에게는 음식을 씹을 치아도 없고 제대로 소화할 수 있는 능력도 없다. 회사에 갓 입사한 사람도 이와 마찬가지다. 회사 입장에서는 이제 일을 막 시작한 사람에게 멋있는 일, 중요한 일을 맡길 수 없다.

당신의 상사는 당신이 어느 정도의 능력을 가지고 있는지, 어떤 장단점을 가지고 있는지 파악할 시간이 필요하다. 그 파악을 위해 당신이 허드렛일이라고 생각하는 작고 사소한 일을 맡기는 것이다. 그 작은 일을 만족스럽게 해내야 장차 큰일을 해낼 수 있다고 생각하지 않을까?

자신의 가치를 증명하라

회사 일을 어떻게 하느냐로 몸값이 달라진다. 하루 24시간이라는 정해진 시간 안에 더 많은 성과를 창출하는 사람은 자신의 가치를 높여 이른바 '하이퍼포머', '능력 있는 사원'이 되고, 그렇지 못한 사람은 '그냥 열심히만 하는 사람', '무능력한 사람'이 된다. 지금 당장은 당신과 동기들이 별반 차이가 없을 것이다. 그런데 5년 후, 10년 후에도 그럴까? 어떤 사람은 능력을 인정받아 승진하거나 더 높은 몸값을 받고 다른 회사로 이직할 것이고, 또 어떤 사람은 같은 곳에서 제자리걸음하며 마음고생을 할 것이다.

게임을 생각해보자. 주어지는 퀘스트를 클리어하면 조금 더 어려운 퀘스트에 도전하게 된다. 회사 일도 마찬가지다. 허드렛일을 제대로 클리어하면 다음 스테이지인 '진짜 일'에 도전할 수 있다. 지금 당신에게 주어진 허드렛일을 포함한 모든 일이 당신이 회사에 필요한 존재인지 증명할 기회다. 그러니 일단은 주어진 일에 최선을 다하자.

회사에서 생기는 여러 관계들

회사에서의 사랑은 은밀하게

회사에서 여러 사람과 함께 회의하고, 함께 식사하고, 함께 밤샘 작업을 하는 동안 자신도 모르게 사랑의 감정이 싹틀 수 있다. 하지만 팀장님과의 사랑, 대리님과의 사랑은 끝이 불행할 수밖에 없다. 사랑을 할 땐 서로를 소중하게 여기지만 그 사랑이 정점을 지나 조금씩 식으면 서로에게 상처만 남기게 된다. 특히 아랫사람이 먼저 사랑이 식어 윗사람을 냉랭하게 대하면 윗사람의 분노는 하늘을 찌르게 되고, 사랑했던 크기만큼의 분노를 업무 폭탄을 통해 해소하려 하기도 한다. 그러니 상사가 아무리 잘해준다 해도 절대 사랑에 빠지지 말자.

어제 아침에 상사가 지시한 일을 다 처리했는가? 아마도 답은 '아니오'일 것이다. 이상하게도 상사들은 하루에 다 처리하지 못할 만큼의 일을 던져주고 다음 날에 또 다른 일을 던져준다. 당신의 책상에 미처 다 처리하지 못한 일이 당신의 손길을 기다리고 있는 것은 어쩌면 당연하기까지 하다. 그런데 회사에서의 사랑이라니! 큰일 날 소리다. 회사에서는 일만 하자. 물론 회사에서 마음에 드는 사람과 예쁜 사랑을 하고 싶은 그 마음은 이해한다. 그런데 만약 윗사람들이 그 사실을 알게 된다면? "시간 많은가봐?", "연애하는 건 좋은데 일도 좀 신경 쓰지?"라는 비아냥을 듣게 될지도 모른다.

하지만 사람의 마음이 말처럼 딱 잘라질 수 있겠는가? 앞서 언급한 조언에도 불구하고 서로 좋아하는 마음을 확인했다면 최대한 두 사람의 관계를 아무도 모르게 하자. 그래야 뒷담화나 구설수에 오르지 않을 수 있다. 이는 회사를 위해서가 아닌 나 스스로가 귀찮은 상황에 휘말리지 않기 위함이니 염두에 두기 바란다.

회사 사람과의 관계로 상처받지 말라

회사에 입사하면 아침부터 저녁까지 오랜 시간 함께하며 마음에 맞는 사람들을 만날 수 있다. 연령이 비슷한 사람과는 친구처럼 지내며 이런저런 이야기를 많이 나누게 되고, 서로에게 큰 힘이 되어주는 관계로 발전할 수도 있다. 월요일부터 금요일까지, 오전 9시부터 오후 6시까지 회사 사람들과 함께하는 시간은 가족이나 친한 친구들과 함께하는 시간과 비교할 수 없을 정도로 길다.

필자는 그동안 사람들이 다니던 회사를 떠나 이직하는 것을 많이 보았다. 하지만 그 많은 사람 중에서 전에 근무하던 회사를 찾아가 예전 동료를 만나는 경우는 거의 보지 못했다. 아무리 친하게 지내고 업무적으로 도움을 주고받던 사이라 하더라도 퇴사하고 나면 전과 같은 유대감이 사라지면서 관계가 소원해진다. 비정하게 느껴질 수도 있지만 그게 현실이다. 그래서 이런 관계에 상처받은 선배들이 회사 사람과는 업무적인 신뢰감을 바탕으로 친한 관계를 맺는 것에 만족하라고 조언한다.

하지만 어디 사람의 마음이 무 자르듯 딱 잘라지겠는가. 분명 직장에서도 동료 이상의 진한 우정과 친분을 쌓을 수 있다. 필자가 하고 싶은 말은 사람마다 이에 대한 가치관이 다르니 공과 사를 명확히 구분하는 사람들에게 너무 매정하다거나 너무 정이 없다고 말하며 상처받지 말라는 것이다. 오래 알고 지내다보면 개인적으로 더 친해지고 싶은 사람이 있기 마련이고, 서로 마음이 맞으면 일에 피해를 주지 않는 선에서 사적인 친분을 맺으면 된다.

모든 관계에서 중요한 것은 공과 사의 구분이다. 사랑하는 마음, 친해지고 싶은 마음이 너무 깊어져 일에 문제가 생긴다면 결코 서로에게 좋지 않다. 그러니 동료 이상의 깊은 관계를 맺고 싶을 때는 이 점을 항상 유의해야 한다.

정신적 독립을 시작하라

초등학교나 중학교, 고등학교에 다닐 땐 몸이 아프면 엄마가 대신 선생님께 연락을 해주셨다. "선생님, 우리 애가 많이 아파서 오늘은 결석합니다" 하고 말이다. 그런데 그건 어디까지나 미성년자 시절의 이야기다. 그런데 회사에서도 종종 소년, 소녀스러운 행동을 보이는 사람이 있다.

아프면 직접 전화하라

몸이 아파 회사에 가지 못하는 건 큰 잘못이 아니다. 다만 그럴 때 적절한 행동을 취해야만 한다. 상사에게 전화를 해 "오늘은 이러저러한 사정 때문에 부득이하게 출근을 하지 못할 것 같습니다. 내일 출근해 더 열심히 일하겠습니다"라고 말하면 상황은 금방 마무리된다. 그런데 상사가 무섭다거나 껄끄럽다는 이유로 부모님이 대신 연락하게 한다면 자신의 일을 상사에게 제대로 보고하지 못하는 무능한 부하직원으로 찍힐 수 있다. 응급실이나 중환자실에 실려 간 게 아니라면 연락은 본인이 직접 하라.

엄마가 고등학교에 다닐 때까지 등하교를 시켜주고, 대학에 다닐 때도 교수님께 A학점을 달라고 로비를 했는가? 그 역시 적절한 행동은 아니지만 뭐, 좋다. 학생 때의 일이니까. 하지만 직장에 다니며 어른 대접을 받는 상황에서까지 엄마를 '헬리콥터맘'으로 만들지는 말자.

문자 메시지나 톡이 아닌 전화로!

세상이 발달해 이제는 굳이 전화를 하지 않아도 문자 메시지, 카카오톡 등 소통할 수 있는 수단이 많다. 최근 일부 기업은 간단한 사항은 문자 메시지로 간략하게 보고하는 문화를 만들고 있는데, 이건 어디까지나 직장에 출근했을 때의 이야기다. 몸이 아파 출근할 수 없는 상황임을 문자 메시지로 통보한다면? 상사는 '아, 많이 아픈가보네. 어서 빨리 나아야 할 텐데. 너무 걱정이 되네'라고 생각할까? 대부분의 상사는 어이없어 하며 '어디서 감히 문자질이야!'라고 생각할 것이다. 아픈 것도 서러운데 괜히 오해 살 만한 일은 하지 말자. 짧은 메시지로 결근을 통보하고 싶다면 어서 빨리 승진하기 바란다. 부하직원에게 '오늘은 쉬겠네'와 같이 단 여섯 글자로 끝낼 수 있는 위치에 다다르면 된다.

063

업무 우선순위
정하는 방법

많은 자기계발서가 이렇게 말한다.

'당신은 항상 바쁘다고 하는데, 사실 바쁘지 않습니다. 업무 우선순위를 제대로 정하지 못해 마음만 급한 것입니다. 이 책에 설명한 대로 우선순위를 잘 정한다면 좀 더 여유를 갖게 될 것입니다.'

정말 현실을 모르고 하는 말이다. 업무는 쏟아지고 또 쏟아지는데 무슨 그런 한가한 소리를! 자, 이제 선택할 시간이다. 2가지 제안을 할 것이다. 첫 번째는 많이 배우신 분들이 알려주는 경영서적스러운 우선순위 정하는 방법이고, 두 번째는 현장에서 많이 혼나며 노하우를 쌓은 필자가 제안하는 우선순위 정하는 방법이다. 선택은 당신의 몫이다.

경영서적스러운 우선순위 정하는 방법

업무의 우선순위를 정하는 가장 좋은 방법은 '긴급성'과 '중요성'으로 구분하는 것이다. 이 2가지 기준으로 업무를 분류하면 총 4가지로 구분된다.

- 긴급하면서 중요한 일(1순위)
- 긴급하지만 중요하지는 않은 일(2순위)
- 중요하지만 긴급하지는 않은 일(3순위)
- 중요하지도 긴급하지도 않은 일(4순위)

당장 발등에 불이 떨어진 중요한 회의 자료 작성, 납기가 코앞인 중요 업무 등은 무조건 1순위로 처리해야 한다. 이렇게 급하고 중요한 일을 처리한 뒤 덜 중요한 일, 덜 급한 일을 하며 시간 관리를 하라는 것이 경영서적스러운 우선순위 정하는 방법이다. 이때, 당신은 A업무가 긴급성 또는 중요성이 있다고 판단했는데 과연 상사도 같은 생각일지 잘 판단해야 한다. 상사는 A업무보다는 B업무가 더 중요하다고 생각하고 있을지도 모른다.

필자가 제안하는 우선순위 정하는 방법

'너는 생각하지 마. 생각은 내가 한다!'와 같이 수동적으로 업무의 우선순위를 정해보자. 부장님이 시킨 일과 사장님이 시킨 일 중 어떤 일을 우선순위에 두어야 할까? 그렇다. 사장님이 시킨 일을 먼저 처리해야 한다. 그러다 부장님이 왜 이렇게 일 처리가 늦느냐며 꾸중을 한다면? "죄송합니다. 사장님이 시키신 일을 하느라 지체되었습니다"라고 말하면 된다. 그런데 그 반대라면? "사장님, 우리 부장님이 지시한 업무부터 처리해야 해서 사장님이 지시하신 일은 시간이 조금 걸릴 것 같습니다"라고 말하는 것이 과연 통할까? 사실 별일 아니라 해도 더 높은 사람이 시킨 일이 무조건 더 급하고 중요하다. 계급이 깡패다.

064

참을 것인가, 말 것인가

참으면 좋은 날이 온다

여기 기구한 운명의 관리자 A가 있다. A는 5년간 일본법인 근무를 포함해 총 12년간 높은 분들에게 인정받으며 일하다 그룹의 다른 계열사로 자리를 옮겼고, 그때부터 세상 풍파가 시작되었다. 하필 전 회사에서 후배로 있던 사람이 그곳의 팀장으로 근무하고 있었던 것이다. 그는 무능하면서 자신의 잘못을 모두 부하직원에게 돌리는 그야말로 나쁜 상사였다. 팀장으로 인해 차질이 생긴 업무는 모두 A의 잘못으로 윗선에 보고되었고, A는 결국 한직으로 물러나게 되었다. 그렇게 1년 정도 시간이 흘렀다. 그 계열사에서 일본계 회사와 합작해 해외에 공장을 짓게 되었는데, A가 최적의 주재원으로 선정되었다. 대학에서 일본어를 전공했고, 일본 고객을 잘 파악하고 있으며, 카투사 출신으로 영어에도 능통하다는 것이 선정 이유였다. 게다가 그즈음에 새로 팀장이 부임했는데, A와 업무 스타일이 잘 맞았다. A는 업무능력을 인정받게 되었으며 새로운 팀장은 1년 후에 임원으로 승진할 예정이었다. 그리하여 A는 지금의 자리에서 1년 후에 팀장으로 승진할지, 해외 주재원으로 갈지를 두고 행복한 고민을 하고 있다.

인생사도, 회사생활도 새옹지마

회사생활은 절대적으로 잘 풀리는 것도, 절대적으로 안 풀리는 것도 아니다. 현재 있는 부서에서 힘들게 지내고 있는가? 조금만 기다려라. A처럼 결국은 화려한 스포트라이트를 받게 될 날이 올 것이다. 회사생활은 새옹지마다. 말을 잃었다고 슬퍼할 것 없다. 다른 말을 데려오면 되니까. 언젠가 좋은 날이 반드시 올 것이라는 믿음으로 하루하루를 잘 견디자.

묵묵하고 성실하면 손해다

그런데 여기서 또 고민되는 점이 있다. 그럼 묵묵히 버티기만 하면 될까? 우리는 어릴 때부터 '권선징악', '겸손의 미덕' 등 유교적이면서 전 세계에 널리 퍼져 있는 가치관들을 배웠다. 그러나 회사생활을 할 땐 잠시 그 말들을 잊어라. 다른 사람들과 경쟁해야 하는데 늘 겸손하고, 늘 양보하고, 그저 주어진 일만 묵묵히 해서는 절대 안 된다. 필자가 가장 안타깝게 생각하는 사람은 능력도 좋고 실력도 있는데 그저 성실히 일만 하는 사람이다. '성실히 묵묵히 일하다보면 언젠가는 다른 사람들이 나의 노력을 알아주겠지'라고 생각한다면 엄청나게 큰 착각을 하고 있는 것이다. 당신 옆의 직원을 생각해보라. 일도 잘하면서 열심히 하고 있는가? 사실 옆 사람이 열심히 일하고 있는지 어떤지 잘 모르고 있지 않은가? 열심히 하지 않는 건 금방 티가 나지만 열심히 하는 건 사실 티가 거의 나지 않는다. 슬프지만 현실이다.

광도 팔고, 깔때기도 대라

'광을 판다'라는 말이 있다. 고스톱을 할 때 사용하는 말이지만 회사에서도 광을 팔 수 있다. 여기서 '광'은 자신의 노력을, 성과를 다른 사람에게 알아달라는 의미로 보고도 하고 자랑도 하며 강하게 어필하는 것을 의미한다. 그리고 대화 중간중간에 은근슬쩍 자기 자랑을 끼워넣는 '깔대기'도 댈 수 있어야 한다. 그래야 사람들이 알아준다. 당신이 열심히 일해 좋은 결과를 만들어냈다면 칭찬받고 인정받는 것이 당연하지 않겠는가? 성실히 묵묵히 일하는 것이 한국적인 가치관에는 잘 맞지만 오랫동안 회사생활을 하고 싶다면 자신이 한 일의 120%까지 광을 팔 수 있는 능력도 갖추어야 한다.

결국 모든 것에는 정답이 없다. 잘 모를 때는 나서기 쉽지 않으니 묵묵히 참아야 할 수도 있다. 하지만 불합리한 상황에서는 자기 생각을 명확히 말하고 자신의 성과를 제대로 어필할 수 있어야 한다. '회사생활은 결국 다 리액션이다'라는 말도 있지 않은가. 자신이 한 일을 제대로 알려야 인정받을 수 있다. 그러기 위해선 참아야 하는 순간, 자신을 드러내고 어필해야 하는 순간을 명확히 알고 적절히 대응해야 한다.

**Common Sense Dictionary
for Rookies**

12

열두째
마당

실전 회사생활 Tip
모음

065 모르는 것은 모른다고 하는 것이 진정한 용기다

《탈무드》에 '당신의 혀에게 열심히 나는 모릅니다라는 말을 가르쳐라'라는 말이 나온다. 이 말은 직장생활에도 적용된다. 신기하게도 상사는 내가 모르는 것만 콕 찍어 물어보는 능력을 가지고 있는 것 같다. 답을 모르는 질문을 받으면 갈등하게 된다. 대충 감으로 보고해 그 상황을 모면할 것인가, 모른다고 솔직히 말하고 정확하게 알아본 뒤 제대로 보고하겠다고 할 것인가. 필자는 회사생활 6년 차까지는 전자를 택했다. 하지만 불행히도 그 감의 정답률은 늘 10% 이하였고, 이후에 더 큰 위기를 겪곤 했다. 명심하라. 감으로 보고한 것이 틀리면 그건 허위 보고가 된다. 차라리 모른다고 솔직하게 말하고 이후에 제대로 보고하는 것이 낫다. 절대 감을 믿어선 안 된다.

필자의 경험상 모른다고 솔직히 말하면 핀잔을 듣긴 하지만 업무를 잘못 처리할 확률은 적어진다. 그러니 모른다고 답하는 것을 부끄러워하지 말자. 허위 보고로 사고를 일으키는 것보다는 잠시 핀잔을 듣는 것이 훨씬 낫다. '모른다고 하면 비웃지 않을까?' 하는 자존심 때문에 모르는 것을 안다고 하는 것은 용기가 아니다. "잘 모르겠습니다. 알려주시면 잘 배우겠습니다"라고 하는 것이 진짜 용기다. 부디 용기 있는 사람이 되자.

겸손은 개나 줘버려

대부분의 회사는 8~9월 말에 다음 해 계획을 설정하고, 연말에 지난해에 세운 계획을 바탕으로 달성 여부를 확인해 인사평가를 실시한다. 실적 위주의 회사는 오로지 계획 대비 실적 달성률로 평가하고, 실적 외 다른 요소까지 포함하는 복합 평가의 경우 실적 50%, 기타(근무 태도, 성실성, 어학능력 등) 50%로 평가한다.

인사평가 시 본인을 직접 평가하게 하는 회사도 있다. 그럴 때는 "이러이러한 상황에서 이 정도 목표를 달성한 것은 제가 잘했기 때문입니다"라고 당당하게 말해야 한다. 괜히 겸손해 보이려고 "저는 이것밖에 못했습니다"라고 말해선 안 된다. 겸손을 떨다 당신의 인사평가 점수도 심하게 겸손해질 수 있다. 본인이 스스로를 낮게 평가하는데 "아니야. 넌 충분히 잘했어. 넌 우리 회사의 인재야"라고 말해주는 상사는 없다. 상사는 구성원 중 일정 비율은 하위 점수를 주라는 회사 지침에 심각하게 고민 중이었는데 당신이 스스로를 낮게 평가하니 그저 고마울 것이다.

기억하라. 인사평가를 할 때는 심하다 싶을 정도로 자화자찬이 필요하다.

목표는 소박하게,
달성은 화려하게

회사의 목표는 이익을 내는 것이며, 목표를 달성하기 위해 각 부서에 다시 작은 목표를 할당해준다. R&D부서는 개발한 모델들의 수와 특허의 수로, 생산부서는 생산 수량 달성 정도로, 영업부서는 판매 수량과 금액으로 실적을 평가한다. 결국 모든 조직구성원은 달성하는 숫자, 즉 성공률로 평가를 받게 된다.

당신의 안전한 회사생활을 위한 조언! 목표는 소박하고 겸손하게, 달성은 화려하게 하라. '너무 비겁한 거 아니야?'라고 생각할지도 모르겠다. 하지만 이 목표는 비단 나만의 목표가 아니다. 개개인의 목표가 모여 팀의 목표가 되기 때문에 팀의 목표를 고려해 계획을 세워야 한다. 내가 제대로 해내지 못하면 개인의 평가가 나빠지는 것은 물론이고 다른 팀원들에게도 민폐가 된다. 그러므로 목표를 정할 때는 내가 할 수 있는 선을 명확히 고민한 뒤 신중하게 판단해야 한다.

목표가 너무 높으면 죽도 밥도 안 된다

목표는 달성하라고 있는 것이다. 달성하지 못하면 그 어떤 변명도 통하지 않는다. 당연한 말이지만 목표는 초과 달성을 하는 것이 좋다. 목표를 초과 달성했다는데 누가 뭐라 하겠는가. 그리고 그렇게 목표를 달성했다면 화려하게 치장할 줄도 알아야 한다. 겸손 따윈 필요 없다. 정당한 자기 과시와 인정을 할 줄 알아야 더 좋은 평가를 받을 수 있다.

목표는 알아서 높아진다

사실 당신이 목표를 아무리 소박하게 잡는다 해도 높은 분들이 몇 차례 회의를 하고 나면 목표 수치는 저절로 높아지게 되어 있다. 쉽게 말해 목표와 계획은 만질수록 커진다. 그러니 '목표를 너무 낮게 잡았나?' 하고 걱정할 필요도, 미안해할 필요도 없다. 목표가 확정될 때쯤이면 당신이 달성하기 벅찰 만큼 커져 있을 테니까.

필자의 실패담을 하나 공유할까 한다. 다음 해 사업 계획 작성 과정에서 팀 단위로 할당된 매출 목표가 있었다. 일종의 고통 분담 차원에서 담당자별로 매출 목표를 올려야 하는 상황이었다. 선배들은 우물쭈물 망설이며 목표 숫자를 올리지 못하고 다른 사람들의 눈치만 살피고 있었다. 대학에서 조별 과제를 할 때 서로 조장을 맡고 싶지 않아 눈치를 보는 상황과 비슷했다. 그때 그러면 안 되는 거였는데 혈기왕성했던 필자가 과감하게 이렇게 외쳤다.

"제가 목표를 더 많이 올리겠습니다!"

1년 후 선배들은 목표 대비 100%가 넘는 화려한 성과를 보였다. 반면 필자는 50% 언저리에 머물러야 했다. 필자는 선배들에게 "용표야, 네 덕분에 우리가 목표를 100% 넘게 달성할 수 있었어. 고마워"라는 말 대신 "너는 왜 50%밖에 못했니? 좀 열심히 하지 그랬어"라는 말을 들어야 했다. 그렇다! 이 세상은 1등만 기억하는 더러운 세상이고, 필자의 회사는 목표 대비 달성률만 보는 냉정한 곳이었다. 목표가 소박해야지, 달성이 소박하면 모두가 민망해진다.

068

굳이 내 손을 더럽힐
필요는 없다

이번에는 지인에게 들은 이야기를 해보려 한다. 한 팀장이 해외법인의 법인장으로 발령받아 근무하게 되었다. 불행히도 그는 해외법인의 A주재원과 업무 트러블이 많았다. 하나하나 대접받으려 하는 신임 법인장과 자기일은 스스로 해야 한다는 A주재원은 기본적인 생각부터 이것저것 다른 점이 참 많았다. 결국 신임 법인장은 부임 후 몇 개월 만에 본사 감사팀을 불러들여 법인이 전체적으로 감사를 받도록 조치했다. (어느 회사든 감사팀은 국가정보원 정도의 파워를 가진 무서운 부서다.) 신임 법인장은 A주재원이 잘못한 것이 분명 한두 개는 있을 것이라 생각했고, 그걸 꼬투리 삼아 본사로 돌려보낼 생각이었다. 그런데 영화 같은 극적 반전이 일어났다. A주재원의 잘못이 드러나기는커녕 신임 법인장이 현지 고객에게 200만 원 상당의 자전거를 선물 받고 본사에 신고하지 않은 사실이 드러났다. 일정 금액 이상의 선물은 반드시 신고해야 하는데 그 과정을 누락한 것이다.

남을 해치려고 하면 결국 자신이 다친다

결국 신임 법인장은 임기를 1년도 채우지 못하고 퇴사했으며, A주재원은 임기를 끝까지 마치고 본사로 돌아갔다. 다른 사람을 상처 입히려 한 행동이 결국은 자신에게 역풍으로 작용해 크게 다치게 된 것이다.

아무리 상대방이 미워도 해치려고 해서는 안 된다. 생각지도 못한 변수가 있을지도 모른다. 당신이 아니더라도 그 사람을 적으로 생각하고 있는 사람이 많다고 생각하라. 그게 당신의 정신건강에 더 좋다. 그 사람을 못 잡아먹어 안달인 사람이 많을 텐데 굳이 당신의 손을 더럽힐 필요가 있을까?

069 회사의 별이 될 것인가, 개가 될 것인가

아직 신입사원에 불과한 당신에게 조금은 심각하고 어려운 이야기를 할까 한다. 입사는 무한경쟁, 무한심사대에 오르는 것을 의미한다. 입사한 바로 그날부터 회사 내 모든 사람이 당신의 능력을 끊임없이 의심하고 평가할 것이다. 이 심사대에서 살아남기 위해 당신은 회사에 꼭 필요한 사람이 되어야 한다. 당신은 별, 물음표, 소, 개 중 무엇이 되고 싶은가?

BCG매트릭스, 당신은 어디에 속하는 사람인가

기업은 계속 성장해야 하므로 성장 동력이 될 만한 신규 시장을 끊임없이 찾는다. 회사의 자원과 규모는 제한이 있다. 따라서 잘할 수 있는 것과 그렇지 못한 것을 파악해 잘하는 것에서는 최대한 많은 이익을 뽑아내고, 못하는 것은 잘하도록 역량을 더 투입할지, 아니면 조용히 사업을 접을지 결정해야 한다. 이 과정에서 가장 일반적으로 사용하는 분석 도구가 바로 BCG매트릭스다.

매트릭스의 세로축은 각 사업의 성장률을, 가로축은 시장점유율을 의미한다. 이를 통해 회사는 현재 진행하고 있는 사업이 어느 위치에 있는지 판단할 수 있다. (BCG매트릭스에 관한 자세한 설명은 곧바로 이어지는 '신입사원 비밀과외'를 참고하기 바란다.)

회사는 성장률과 시장점유율에 따라 사업을 다음과 같이 4가지 영역으로 구분해 관리한다.

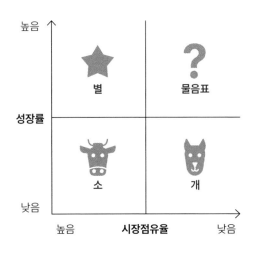

1. 별(Star): 계속 별이 되도록 유지·관리한다.
2. 물음표(?): 시장점유율을 높일지, 아니면 철수할지 결정한다.
3. 소(Cash cow): 높은 시장점유율을 지속적으로 유지하도록 한다.
4. 개(Dog): 적당한 시점에 사업을 철수한다.

계속 고용할 사람과 내보낼 사람

이 개념을 직장인에게 응용해보자. 사업을 계속 유지할지 혹은 철수할지 판단하듯, 회사는 고용을 계속 유지할 사람과 내보낼 사람으로 나누어 인적자원의 포트폴리오를 구성한다. 성장률을 직장인의 잠재능력 또는 업무능력으로, 시장점유율을 직장인의 업무처리량으로 바꾸면 BCG매트릭스는 다음과 같이 해석할 수 있다.

---

1. 별(Star): 능력도 좋고 업무처리량도 많은 직원
2. 물음표(?): 능력은 좋으나 업무처리량은 적은 직원
3. 소(Cash cow): 능력은 부족하지만 업무처리량은 많은 직원
4. 개(Dog): 능력도 없고 업무처리량도 거의 없는 직원

인사팀은 분류된 직원의 유형에 따라 각기 다른 관리법을 선택할 것이다.

---

1. 별(Star): 계속 우대해주면서 회사를 떠나지 않게 한다.
2. 물음표(?): 업무를 많이 시키든 회사를 나가게 하든 한다.
3. 소(Cash cow): 계속 일만 시키다가 나중에 회사를 나가게 한다.
4. 개(Dog): 적당한 때에 회사를 나가게 한다. 그 적당한 때는 빠를수록 좋다.

회사는 결국 '별'이 성장시킨다

직원 입장에서는 참으로 무서운 관리법이 아닐 수 없다. 하지만 기업은 본질적으로 이익을 창출해야 하는 집단이다. 그래서 큰 이익을 얻기 위해 모든 방법을 동원해야 하는데, 인사관리 역시 이에 해당한다.

당신은 별, 물음표, 소, 개 중 어디에 해당하는가? 일부 대기업에서 S급

인재나 특별 관리 대상을 선정하는 것은 결국 '별'인 인재를 회사에 계속 잡아두기 위함이다. 회사는 능력도 좋고 업무처리량도 많은 '별'을 많이 보유하면서 능력도 없고 업무처리량도 거의 없는 '개'를 줄일수록 성장을 기대할 수 있다.

자신의 능력이 조금 부족하다고 생각하는가? 그렇다면 당신은 현재 '소'나 '개'로 인식될 가능성이 크다. 그러니 서둘러 능력을 키워라. 단기간에 능력을 키우는 것이 어렵다면 지금보다 업무처리량을 늘려라. 일단 그렇게 직장생활을 유지해나가면서 지속적으로 능력을 개발해야 한다.

다행히도 본인의 능력을 인정받고 있는가? 그렇다면 업무처리량을 늘려 '별' 대우를 받으며 승승장구할 수 있는 기회를 놓치지 않길 바란다. 능력만 믿고 업무를 적게 하면 '물음표'가 되어 '개'가 회사에서 나갈 때 같이 나가야 할지도 모른다. 너무 무서운가? 그런데 어쩌겠는가. 이것이 레알 현실인 것을.

회사에서 아는 척하기 좋은 경영 상식: BCG매트릭스

BCG매트릭스의 뜻을 알아보자. BCG는 유명한 기업컨설팅회사인 보스턴컨설팅그룹 (Boston Consulting Group)의 약어다. 그리고 매트릭스는 '격자'라는 뜻으로, 가로축과 세로축을 기준으로 각 사업의 유망성과 현금창출성을 판단하는 틀이다. 즉, BCG매트릭스는 개인이 한정된 월급이나 재산으로 어디에 투자할지 결정하듯, 기업이 한정된 자원을 이용해 어떤 사업을 키우고 접을지 결정하는 데 사용하는 분석 도구다.

별(Star)

기업은 모든 사업 분야에서 '별'이 되고 싶어 한다. 보통 사람들이 TV에 나오는 스타의 삶을 부러워하듯 기업들도 '별' 단계의 사업을 부러워한다. 시장 규모가 계속 커지고 시장점유율도 높다는 것은 지속적인 이익 창출이 보장된 것이나 다름없다. 때문에 '별'에 해당하는 사업 분야를 가진 기업은 빗자루로 돈을 쓸어 담는다. 블루오션 경영 전략은 결국 신시장 개척을 통해 시장에서 높은 경쟁력을 갖고자 하는 것이므로 블루오션 발굴은 사업 분야에서 '별'로 자리매김하기 위한 노력이라고 할 수 있다.

우리나라의 대표적인 블루오션 개척은 김치냉장고라 할 수 있다. 모두가 냉장고에 김치를 보관하면서 불편함을 감수하고 있을 때 만도는 '김치는 딤채라는 이름이 붙은 김치냉장고에 보관하자'라는 마케팅 전략을 세워 신시장 개척과 시장점유율이라는 두 마리 토끼를 한번에 잡았다.

물음표(?)

성장률은 높지만 아직 시장점유율은 높지 않은 사업이 여기에 위치한다. '물음표'라는 이름이 붙은 것은 경영자의 판단이 필요하기 때문이다. 경영자는 기업의 자원을 더 투입해 시장점유율을 높일 것인지, 아니면 현 상태를 유지하며 점점 '개'의 상태로 가는 것을 방지할 것인지 둘 중 하나를 선택해야 한다. 만약 해당 사업이 향후에도 지속적으로 유망할 것이라 판단된다면 다른 사업에 투입하고 있는 자원을 줄여서라도 시장점유율을 높이기 위해 노력할 것이다. 그래서 회사에서 높은 자리에 앉아 계신 분들은 계속 유망할 것 같은 부서에서 근무하고 싶어 한다.

소(Cash cow)

'소'는 '돈을 벌어들이는 원천이나 사업'을 의미한다. 즉 시장 성장성은 둔화되었지만 여전히 시장점유율이 높아 계속해서 현금을 벌어들이는 사업 분야다. 현재 국제전화가 경쟁적으로 요금을 내리는 것이 이에 해당한다. 각 사업자는 국제전화를 이용하기 위한 설비를 대부분 이미 완료했기 때문에 앞으로 추가로 들일 비용이 거의 없다. 즉, 국제전화 사업자들은 소비자들로부터 요금을 받으면 그대로 이익으로 연결시킬 수 있다. 이 때문에 국제전화 사업은 앞으로 큰 성장 가능성은 없지만 시장점유율을 높인다는 측면에서 계속 요금을 내릴 가능성이 있다.

개(Dog)

시장점유율도 낮고 사업의 성장성도 낮은 상태, 즉 기업 입장에서는 문을 닫아야 하는 사업 분야를 '개'로 지칭한다. 돈도 안 되고 자원만 낭비하는 사업 분야다. 보통은 성장성이 낮더라도 시장점유율이 높으면 현금을 벌어들일 수 있지만, '개'는 시장점유율과 성장성, 두 측면에서 모두 낮은 점수를 받은 상태. 예를 들어 TV용 브라운관 제조 산업이 이에 해당한다. LCD, PDP 발달과 디지털 방송의 확대로 소비자들은 더 이상 브라운관 TV를 구매하지 않는다. 즉, 성장성이 낮다 못해 마이너스이며, TV시장에서 다른 첨단 디지딜 TV에 밀려 시장점유율이 계속 낮아지고 있다. 이런 사업은 더 손해를 보기 전에 정리하는 것이 오히려 이익이다.

070

세상은 좁다

세상 모든 사람은 일곱 다리만 건너면 다 아는 사람이라고 한다. 맞는 말이다. 지금 당신이 길에서 마주친 수많은 사람은 당신 친구의 사돈의 팔촌과 친구인 분의 아들일 수 있으며, 당신이 욕한 프로야구 선수나 정치인은 직장 동료의 친척과 친한 사이일 수도 있다.

지난달까지 삼성에서 열심히 일하던 사람이 이번 달부터 LG에서 일하기도 하고, LG에 있던 사람이 삼성으로 가기도 한다. 증권업계는 팀 단위로 회사를 옮기는 경우도 많다. 말 그대로 동종업계는 그 물이 그 물인 것이다. 지금 내가 막 대해도 될 것 같은 협력업체나 하청업체의 영업사원이 언젠가는 나를 막 대해도 되는 위치로 이동할지도 모른다. 그러니 사람을 늘 조심히 대해야 한다.

평판 조회, 미리 준비하라

평생직장의 개념이 사라진 요즘, 첫 직장이 마지막 직장이 될 가능성은 거의 없다. 당신은 지금 파릇파릇한 신입이지만 언젠가는 이직을 할 것이다. 그때가 정확히 언제인지는 알 수 없지만 부디 '개념 이직'의 아름다운 뒤태를 보여주도록 하자.

이직을 하기 위해 한 기업에 이력서를 넣었다고 가정하자. 해당 기업의 인사담당자는 일단 평판 조회를 할 가능성이 크다. 당신이 왜 현재 몸담고 있는 회사를 떠나려 하는지 그 이유를 알아보려 할 것이다. 이때 당신의 이미지가 매우 중요한 역할을 한다. 인사담당자는 자신의 인맥을 동원해 "○○○씨가 우리 회사에 입사 지원을 했는데 그 사람 어때요?" 하고 물어볼 것이다. 이때 상대방이 "아, 그 친구 참 성실해요. 능력도 있고요. 더 큰 비전을 찾아 떠나고 싶다는데 잡지 못해 아쉬워요"라고 말한다면 당신은 이직에 성공할 가능성이 크다. 그런데 "그 친구요? 뭐 하나 일을 맡기면 실수도 많고 동료들과 잘 어울리지도 못해요. 그 회사에 이력서를 넣었어요? 신중하게 생각하고 결정하세요"라고 말한다면? 당신이 공들여 작성한 이력서는 그 순간 바로 이면지로 활용될 것이다. 참으로 난감한 상황이 아닐 수 없다.

이미지 관리는 보험과 같다

회사 내 당신의 평판은 당신이 아니라 당신의 상사가 결정짓는다. 이 평판은 그 회사에 다닐 때는 물론이고 다른 회사에 이직하려 할 때까지 계속 이어진다. 종종 '어디 한 번 당해봐라' 하는 생각으로 사표를 제출한 다음 날부터 출근하지 않는 사람이 있다. 그러고는 '내가 하던 일을 아무에게도 인계해주지 않았으니 고생 좀 하겠지?'라고 생각하며 통쾌해한다.

그런데 이런 소심한 복수는 얼마 안 가 큰 후회로 돌아올 수도 있다. 새로 입사하고자 하는 회사의 인사담당자가 평판 조회를 하고 난 뒤 "귀하는 우리 회사와 맞지 않습니다"라고 통보할 가능성이 크다. 그렇다고 전 회사로 달려가 강하게 따질 수도 없다. 자신이 저질러놓은 일이 있는데 무슨 할 말이 있겠는가. 그러니 회사가, 상사가 너무너무 싫어 떠나게 되더라도 마지막까지 최선의 노력을 다하며 좋은 인상을 남기도록 노력해야 한다. 나중에 평판 조회 때문에 눈물 흘리는 일이 없도록 미리 보험을 잘 들어두기 바란다.

071

한 우물이냐, 여러 우물이냐

옛날에는 입사 후 1년 정도는 웬만한 실수는 애교로 봐주고 업무에 적응할 때까지 어느 정도 기다려주기도 했는데, 지금은 그런 훈훈한 풍경을 찾아보기 어렵다. 세상이 너무 먹고살기 힘들어져 회사 사정이 어려워지면 입사 1년이 안 되었어도, 아무런 잘못을 하지 않았어도 회사에서 나가달라는 말을 듣게 될 수도 있다. 이런 상황에서 어떻게 경력 관리를 해나가야 하는지도 잘 생각해둘 필요가 있다.

한 우물만 판다! 직선형 경력 관리

면접을 볼 때 "당신의 10년 뒤 모습은 어떨 것 같습니까?"라는 질문을 받아본 적이 있을 것이다. "네! 학교에서 배운 이론을 바탕으로 현장 경험을 더한 마케팅 전문가가 되어 있을 것입니다"와 같이 대답하지 않았는가?

'직선형 경력 관리'란 이렇게 한 우물만 파는 스타일을 가리킨다. 영업이면 영업! 세금이면 세금! 한 분야에서 신입으로 시작해 해당 분야의 전문가로 거듭나는 경력 관리 방법이다. 이 방법의 장점은 말 그대로 전문가가 될 수 있다는 것이다. 그리고 회사에서 "이 분야는 홍길동 과장이 최고야!"라는 평을 들으며 자신의 입지를 확고하게 굳힐 수 있다. 그러나 단점도 존재한다. 바로 해당 분야만 안다는 것이다. 마케팅 전문가에게 재무, 세금 등의 문제를 묻진 않는다. 나무를 자세하게 파악할 수는 있지만 숲은 잘 보지 못할 수도 있다는 말이다.

다양한 분야를 경험한다! 나선형 경력 관리

'나선형 경력 관리'는 이것저것 다 경험해보는 스타일의 경력 관리 방법이다. 좋게 보면 다양한 경험을 하는 것이고, 나쁘게 보면 한 분야도 제대로 섭렵하지 못하는 것이다.

기본적인 경력 관리는 직선형과 나선형 중에서 자신의 환경과 적성에 맞는 방법을 선택하면 된다. 자신의 전문 분야에서 깊이 있는 지식을 가지고 있으면서 다양한 경험과 지식으로 무장한다면 그야말로 최고다.

072

의전(프로토콜)
살짝 맛보기

　학교를 졸업할 때까지는 자동차, 식당 등에서 어디가 상석인지 신경 쓸 필요가 전혀 없다. 친구들과 밥을 먹는데 상석이 어디 있겠는가. 하지만 사회생활을 시작하면 조금씩 신경 써야 한다. 자칫하면 버릇없다는 오해를 받을 수도 있기 때문이다. 사회에는 자동차, 회의실, 심지어 엘리베이터까지 서열에 따라 암묵적으로 자리가 정해져 있다. 신입사원인 당신이 회사의 주요 고객이나 사장님의 자리를 차지한다면 망신을 당할 수도 있다. 그러니 지금부터 일명 '의전'이라 하는 프로토콜을 살펴보도록 하자. 알면 별거 아니지만 모르면 큰 실례가 될 수도 있으니 미리 잘 익혀두기 바란다.

자동차에서 신입사원의 자리는?

　우선 자동차부터 이야기해보자. 자동차에 자리를 잡기 전에는 운전자의 신원을 파악해야 한다. 운전자가 전문 운전자(기사)인지, 상사인지에 따라 상석의 순서가 달라진다. 만일 운전자가 전문 운전자라면 다음 그림과 같이 상석의 순서가 정해진다.

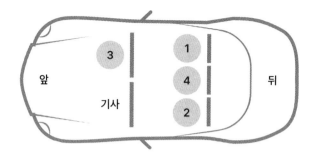

그런데 운전자가 상사라면 이야기가 달라진다. 그때는 다음 그림과 같이 조수석이 가장 상석이다. 어쨌든 신입사원의 자리는 변함없이 ④번이다.

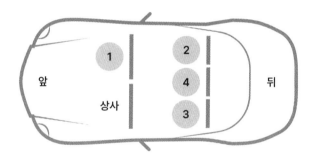

회의실에서 신입사원의 자리는?

회의실에서는 사극 드라마에서 "마마, 통촉하여 주시옵소서~" 하는 장면을 생각하면 된다. 출입문에서 가장 멀고 좌우를 호령할 수 있는 자리가 최상석이고, 최상석의 오른쪽 자리(우의정)나 왼쪽 자리(좌의정)가 상석이다.

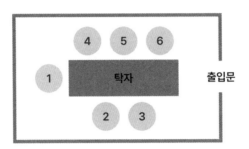

만일 당신이 일곱 번째로 회의실에 들어왔다면 어디에 앉아야 할까? 우물쭈물하다 출입문을 등지고 ①번과 마주 보며 않는다면 매우 어색한 상황이 연출될 것이다. 높은 분과 맞짱 뜨는 당당한(?) 신입사원의 이미지를 보여줄 생각이 아니라면 회의실에 비치된 의자를 조심히 이동시켜 ⑥번 옆이나 ④, ⑤, ⑥번 뒤쪽에 앉는 것이 좋다. 물론 이때도 출입문과 가까운 자리를 신입사원의 자리라고 생각하면 된다.

엘리베이터에서 신입사원의 자리는?

회사의 매출을 좌지우지하는 주요 고객이나 CEO 같은 높으신 분들과 함께 엘리베이터를 탈 기회는 거의 없겠지만 그래도 혹시 그런 상황이 닥친다면 다음 그림을 기억해 올바른 자리에 서기 바란다.

일단 버튼에서 가장 멀리 있으면서 깊숙한 자리가 최상석이고, 그 옆이 상석이다. 언제든지 엘리베이터를 조작할 수 있는 버튼 바로 앞이 가장 말석이다. 버튼의 위치가 그림과 다르거나 버튼이 양쪽에 있다 해도 이와 같은 법칙을 적용하면 된다. 어쨌든 신입사원의 자리는 버튼 바로 앞이다.

이 책이 필요한 사람에게 닿길 바라며

필자를 살린 한마디가 있습니다.

"저기요! 불이 났어요!"

어릴 적 필자의 집은 동네에서 목공소를 했습니다. 필자가 중학교 1학년, 남동생이 초등학교 5학년 때의 일입니다. 부모님은 일을 나가시고 가게에 딸린 방(그 방이 집이기도 했습니다)에서 TV를 보고 있는데 밖에서 "저기요!" 하는 소리가 들렸습니다. 나가보니 길을 지나던 20대 누나 2명이 가게에 불이 났다며 소리를 지르고 있었습니다. 정말로 한쪽에 있던 석유곤로에 불이 붙어 활활 타오르고 있었습니다. 저녁으로 라면을 끓여먹고 심지를 제대로 내리지 않아 불이 난 모양이었습니다. 서둘러 불을 끄고 누나들에게 감사하다고 고개 숙여 인사했습니다. 그분들은 필자와 남동생의 생명의 은인입니다. 불을 보고 너무 당황해 그냥 지나쳤을 수도 있었는데 너무나 감사할 따름입니다. 이 책을 통해 그분들께 다시 한 번 감사의 인사를 하고 싶습니다.

필자는 지금도 강의를 할 때 그분들의 이야기를 하곤 합니다. 그리고 30년쯤 후에 이 책의 독자 중 누군가가 필자처럼 강의를 하며 필자의 이름을 언급해주기를 기대합니다. 이 책을 통해 회사에서 CEO 자리에 오를 수 있었다는 감사 인사를 꼭 받고 싶습니다.

30년 전에 길을 지나던 누나들이 제게 던진 한마디가 목숨을 살렸듯, 필자가 쓴 수많은 문장 중 하나가 정말로 필요한 사람에게 닿길 희망합니다. 많은 분들의 회사생활과 인생에 도움이 된다면 더 바랄 것이 없습니다.

더욱 찬란해질 당신의 인생을 응원합니다.